PUERTO RICO ES UNA COLONIA que ha vivido una existencia marcada por las ambivalencias de unos amos ausentes y distraídos. Una colonia perturbada rara vez lograr captar el interés de un Otro siempre escurridizo. No por nada, Pedro Albizu Campos sentenciaba que dado que los amos se niegan a escuchar, había que abrirle los oídos a tiro limpio. En AUDIOEUFORIA, Félix Jiménez nos regala una estupenda y sólida propuesta para comprender la centralidad del sonido, la música y el ruido en las prácticas culturales, mediáticas y políticas del Puerto Rico contemporáneo. Si como nos enseñó Jacques Lacan, la voz es uno de los rostros de la pulsión (pulsión invocante, la denominaba el psicoanalista), Jiménez nos permite adentrarnos en las diversas y complejas modalidades boricuas de goce, a través de las cuales invocamos a ese Amo siempre ausente.

Alfredo Carrasquillo Ramírez
CATEDRÁTICO DE POSGRADOS
UNIVERSIDAD DEL SAGRADO CORAZÓN

AUDIOEUFORIA

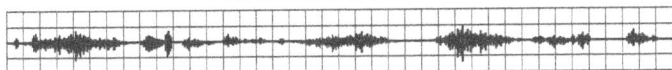

FONOGRAFÍAS E INTERFERENCIAS

Félix Jiménez

AUDIOEUFORIA

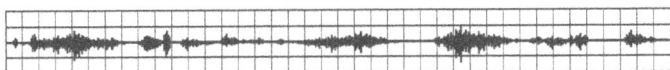

FONOGRAFÍAS E INTERFERENCIAS

Concepto de portada: Terranova Editores

ISBN 978-1-935163-66-4

Impreso en Estados Unidos de América
Printed in united States of América

Terranova Editores
P.O. Box 79509
Carolina , Puerto Rico 00984-9509

email: ventas@terranovaeditores.com
www.terranovaeditores.com

Conéctese con nuestros autores:
www.terranovaeditores.com/redlectores

En las redes sociales:
http://facebook.com/terranovaeditores
http://twitter.com/terranovatweets

"Leer está de moda; regale un libro"

CONTENIDO

Cap. 1. Introducción: Del ser sonante   11

Cap. 2. Fonografía: Amarillo mangó   20

Cap. 3. Decisiones sónicas: "Llévame al lugar donde está el ruido"   42

Cap. 4. Son vívico: Gross National Noise   57

Cap. 5. Encantamientos: Being Otherwise   77

Cap. 6. Bríos revueltos   105

Cap. 7. Detonaciones: sonido impreso   130

Cap. 8. Distorsión/ turbulencia   148

Cap. 9. Brumores   170

Cap. 10. Triángulo   191

Cap. 11. Sound Check: El DJ de la Patria   214

Notas   231

Bibliografía   249

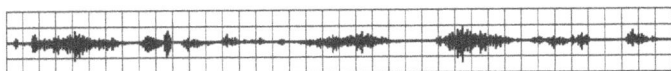

Sound is mental. It can't be touched.

- Michel Chion

The sonorous... outweighs form. It does not dissolve it but rather enlarges it; it gives it an amplitude, a density and a vibration or an undulation whose outline never does anything but approach. The visual persists until its disappearance; the sonorous appears and fades away into its permanence.

- Jean-Luc Nancy

1.

INTRODUCCIÓN: DEL SER SONANTE

The mouth is a flooded weapon. - Terrance Hayes
Let's get loud, let's get loud
- JLo

The point is not simply to revocalize logos. Rather,
the aim is to free logos from its visual substance, and
to finally mean it as sonorous speech - in order to
listen, in speech itself, to a plurality of singular voices
that convoke one another in a relation that is not
simply sound, but above all resonance.
- Adriana Cavarero

Se expande, entra, hiere y se adhiere. Puerto Rico es un audioproyecto inacabado, sembrado en los mares del gran tumulto sónico: sonar para ser, rodar con el ruido y acercarse incautelosamente a la explosión que propone su deseo de ocupar el espacio con un grito, una vocalización, una gestualización, una vociferación feroz. El ruido es la glosa de su stasis, el marco de este territorio que hasta en su definición flota intraducible en su mar de resonancias, sin apoyo legal apapelado, existiendo solo en su enunciacion primaria, en un ruido gestual repetido. Y así, lo que queda, lo que ha germinado, es el ruido como producto y el ruido como proceso, y los seres sonantes que trafican en él.

Queda la ondulación. Svetlana Boym sugiere que la ondulación – una desincronía con la ruta organizada que velozmente se traza en prefijos y en recetas – es parte de una alternativa definicional, una nueva

11

estrategia móvil: el *off-modern*, *"a lateral move of the knight in the game of chess. A detour into some unexplored potentialities of the modern project"* [1]. La lateralidad cultural que se permite un territorio audioeufórico -hecho de y deshecho en ruidos- lo libra de divagar por los circuitos que se apropian de la definición del futuro, a la vez que lo distancia de las pulsaciones que rigen otros territorios. Es la multidireccionalidad del juego que se juega con la historia.

> Oblique, diagonal, and zig-zag moves reveal the play of human freedom vis-a-vis political teleologies and ideologies that follow suprahuman laws of the invisible hand of the market or of the mark of progress. As we veer off the beaten track of the dominant constructions of history, we have to to proceed laterally, not literally, and discover the missed opportunities and the roads not taken.[2]

En esa movida lateral de seis décadas -que a contra-corriente debilitaba e impedía las agendas oficiales cargadas de proyectos visuales, educativos y didácticos que reticulaban y visualizaban futuros- Puerto Rico es poseído por un aparato [per Agamben: *"I will call an apparatus literally anything that has in some way the capacity to capture, orient, determine, intercept, model, control, or secure the gestures, behaviors, opinions, or discourses of living beings."* [3]], un modelo acústico-político que ata y que libera, que avanza felizmente sometido a las movidas de la boca, a las vocales y a la recepción y produción del sonido. Los gobiernos sucesivos se mantuvieron imaginando a la isla en contra de su exuberante oralidad, y todavía sus ejecutivos gubernamentales y turísticos buscan la forma correcta para presentarla y mercadearla al mundo: o es una isla, o un archipiélago, o un continente, o lo hace mejor. Esperan hacerla un inmenso estudio de imágenes, un "paraíso fílmico", una "Isla de película". Ha sido seleccionada como "la isla más deseada" en revistas turísticas. Pero los seres que la habitan la han construido y la han tramitado como lo que es: una ilusión óptica, pero una realidad sónica. La imagen se ha relegado, se ha olvidado como el centro presumido del proyecto definitorio, si el que algún día estuvo sembrada en ese centro. La intensidad sónica ha empujado a la imagen, a los registros visuales y estéticos, a una siniestra orfandad. En el imperio del ruido, la imagen es prótesis.

• • •

¿Cuándo se es más que ruido? es la pregunta al centro, al frente y en la espalda colectiva. Habría también que ver si se puede ser más que ruido, si hay que desear serlo. Portado como rasgo constitutivo, el ruido como cicatriz sonora de la visibilidad ansiada por los boricuas se muestra entero y agrandado ante el mundo, pretendiendo - y logrando- convertirse en una senda acústica que contagia y convoca. Es una práctica con sus perfecciones. *"Noise... is another name for the otherness that modernism, as an art of practice, discovered in the heart of the quotidian"* [4]. En voz alta, en grito, en canción, en queja, en ruido, en decisiones acústicas y sonoras se trafica cotidianamente esta costa aural, que imagina la pertenencia y su lugar en el mundo más auditiva que visualmente, y comporta esa "alucinación consensual" que William Gibson define como el pegamento que sujeta un territorio. La alucinación es audioeuforia: un contagio autoprescrito, una nación que se conoce y reconoce por su capacidad de generar(se) sonoridades, y de dialogar(se) sobre su sonido y no sobre su imagen.

Es además una "alucinación consensual" ininterrumpida e inobjetada: el reconocimiento de una marca sónica, de un sello de sonido. La audiosincrasia que se delata en la práctica diaria se resume en la búsqueda de una audioutopía: un espacio desde el cual el ser resonante se emite y al que se remite constantemente. Se imagina una isla estructurada desde los sonidos que se producen, desde los ruidos que se manufacturan, y no después de ellos. Es el albor del ruido el comienzo del reconocimiento identitario, de la diferencia. De esa forma, se le da aire a una ideología sonora y a una identidad acústica, eufórica, imprescindible para el entendimiento de una interioridad isleña.

Para MacLuhan, *"any culture is an order of sensory preferences"*[5]. Se escoge, se jerarquiza, se sustituye, se posiciona. Si la cultura propende al silencio, a su convención, a su legado, las subsecuentes explosiones ruidosas que lo sucedan reafirman entonces la búsqueda incesante del oído como escándalo. La conocida receta de principio de siglo XX de Theodor Lessing era la boca cerrada y los oídos indiferentes: *"A refined and educated man will always be distinguished by his silence and by his hostility towards a noisy and ill-disciplined way of life"*[6]. Pero si el sentido de propiedad alemán se hacía añicos en el Caribe, quizás fue porque, como indica Davide Panagia, la sensación

14

es un momento democrático radical de juicio estético. Interrumpe las preconcebidas perceptuales, provocando ocasiones de suspensión de autoridad y de la reconfiguración del orden político[7]. Puede revertir con fingida pasividad. El escucha se entrena en tácticas de susurros y estrategias de mediostonos para luego explotar. Barthes senala la activa inmovilidad del oído que agarra las amenazas circundantes de su mapa, pre-oye y defiende, *"intercepting whatever might disturb the territorial system"*[8]. Nancy sugiere que *"it is a question of going back to, or opening oneself up to, the resonance of being, or to being as resonance"*[9].

El entrenamiento de los buenos escuchas realza el sonido, que es la frontera de la esfera pública. Sazonada con insaciabilidades, la isla esparció por las zonas más dudosas su certeza sónica: ha sido y es una auralidad atenta y hambrienta de atención. Dice James Donald sobre John Cage que éste comprendió que *"the difference between silence and sound is not so much acoustic as a question of attention"*.[10] Del continuum perpetuo ente uno y otro se forja una franja discursiva que busca su consagración líquida en torrentes de aprobación. A diferencia del silencio, el ruido no exige, no pide reciprocidad. Pero si la obtiene, se desea siempre en ella. El ser sonante es adicto a las ovaciones, fábrica de temblores, matriz de resistencia, deliberada máquina estética.

•••

La isla ha detonado su avisualidad: tiene un contrato sónico con el mundo, un paisaje sonoro audioeufórico que se desplaza, en círculos concéntricos, para dejarse saber. Con el armazón del ruido logra la disemiNación de Bhabha, constatando la inadecuación del silencio para formar seres que sientan. El contacto con el tímpano prima: una nación es la ley, el orden y el desorden hechos sonido. Con el ruido hay un "apego pasional" que se utiliza para atraer y para descalificar a otros. El grito en la Isla es una práctica ciudadana, un ejercicio del ser implicado en la furia del ruido como identidad y del sonido como cicatriz de visibilidad, la marca aural siniestramente incorporada a la vitalidad de la una continuidad. Sin el ruido no hay continuidad, parece decirse. Con las reverberaciones que rebotan en la superficie, el ruido hace audible la "constelación de delirios" de la que escribió Franz Fanon; es la audible cicatriz de la invisibilidad: El Wepa, el pa' que tú lo sepas.

Wepa! es el resumen ruidoso de una afiliación gentilicia, una enunciación biográfica que lo dice todo. "Atángana" es un perfecto titular de portada de periódico, que lo utiliza sabiendo lo que está insistiendo. Los soldados puertorriqueños que regresan del frente de guerra en Irak aseguran que serán recordados y extrañados por su capacidad de producir ruido, por sus alborotos. "Van a extrañarnos por el ruido", dicen al llegar a la isla. Los superhéroes puertorriqueños de los cómics estadounidenses son los hijos del sonido, y sus poderes y cualidades identitarias (el gentilicio y su capacidad) resuenan; son la representación de la "unisonancia" de Benedict Anderson (*"the echoed physical realization" of the imagined community* [11]). Un viaje de fanáticos a República Dominicana para Centrobasket logra más ruido que presencia: "No son muchos, pero gritan". El Suavemente de Elvis Crespo se baila como fondo a la celebración de los jugadores españoles tras ganar la Copa Mundial de Fútbol 2010, se utiliza en estudios científicos como prueba de control para calibrar el ritmo de los cuerpos, y se ha escuchado el grito de Elvis encrespando el espacio, como despertador de astronautas. Al astronauta puertorriqueño Joseph Acabá lo homenajearon con música típica, también en las redes siderales, con la anuencia de la NASA. El grupo Nota le gana sonando *a capella* a sus pares estadounidenses en el programa Sing-off. Las canciones de Wisin y Yandel rugen como paisaje sonoro para los vídeos pornográficos pirateados del notorio narcotraficante Junior Cápsula. Emisoras de radio isleñas dedican horas a encuestas sobre la deseabilidad de montar masivos abucheos en actividades públicas. Las campañas publicitarias del ya extinto diario *The San Juan Star* (con la irónica aseveración de "Puerto Rico no es cuestión de idioma"), la Universidad del Sagrado Corazón ("Lenguaje defectuoso, pensamiento defectuoso"), y el periódico Primera Hora ("Hablamos como tú", que analiza el afecto por y el efecto de palabras como "babilla" y "jurutungo"; "En Primera Hora no hay bla, bla, bla –habla como tú, es periodismo con *flow*"; y "Las voces de la calle las une Primera Hora") sopesan la liquidez de la lengua y la agilidad del canal auditivo, pa' que tú lo sepas. [12]

Sonar para ser, vibrar, hacerse saber a través de un marco de libertad que a la vez es un marco disciplinario. Lo que el ruido le hace al cuerpo es enmarcarlo en sensaciones que lo hacen intransferible, y rehabilitan su intensidad. Como postula Brian Massumi, la ira y la risa son las expresiones afectivas más poderosas porque interrumpen una situación con ruido que reconfigura.

"Anger, for example, forces the situation to attention, it forces a pause filled with an intensity that is too often too extreme to be expressed in words. Anger often degenerates into noise and inarticulate gestures. This forces the situation to rearray itself around that irruption, and to deal with the intensity in one way or another. In that sense it's brought something positive out - a reconfiguration." [13] Esa reconfiguración, esa irrupción llega y se explaya en los titulares periodísticos, que se concentran en la metáfora del ruido, la voz y la interrupción para enmarcar cómo se lleva una situación a la atención. El titular de portada para una encuesta de El Nuevo Día, "La Voz del Pueblo", captura esa pausa llena de intensidad, ese extrema dicción gestual, esa reconfiguración de la ira en ruido que reconfiguraría: "A punto de estallar el país". [14]

El ruido es absorción dorsal. La boca al frente, detrás el aire. Se siente en la espalda y desde la espalda se habla, se suena, se encasilla, se describe, se llama por la espalda, por detrás. Lo que le sigue al ruido, al llamado por la espalda, a ese sonido que interpela, es "un reposicionamiento instintual o una rectificación corporal". Un viraje: *"It is as if our body turns to activate that tropological space before any discourse comes to occupy that space".* [15] En la interpelación constante con el espacio que le circunda, el cuerpo es un manto sonoro, adjetival, más que oral, labial, y en busca de la exposición de todas sus variaciones. Vibra y se mueve en una irrupción de intensidad.

Dice Brian Massumi, *"When a body is in motion, it does not coincide with itself. It coincides with its own transition: its own variation Far from regaining a concreteness, to think the body in movement thus means accepting the paradox that there is an incorporeal dimension of the body."* [16] Sonar(se) perpetuamente, mover el sonido de adentro hacia afuera en variaciones y matices, es quizás no poder coincidir nunca. Incorpóreo, el ser sonante se gesticula, se vocifera desde el centro de su verbalidad. En *Otherwise than Being*, Levinas insiste que el sujeto se expone a despegarse de su centro a través de su difuminación e interpenetrabilidad.

> This being torn from oneself in the core of one's unity, this absolute non-coinciding, this diachrony of the instant, signifies in the form of one-penetrated-by-the-other... The subjectivity of a subject is vulnerability, exposure to affection, sensibility, a passivity more passive still than any passivity, an irrecuperable time, an unassemblable diachrony of patience, an exposedness always to be exposed the more". [15]

Aquí van las interferencias, las capturas, las fonografías de todo un país que se expone a exponerse, a extenderse hasta despegarse de sí y adherirse al otro, no siempre significando pero sí sonificando. Esa sobreexposición de sonido es la conciencia de una absoluta vulnerabilidad encausada, un esquema sonoro, la paradoja de esa "dimensión incorpórea del cuerpo": Un país que tramita presente y futuro en su repetición difuminada, en esos momentos de coincidencia en los que el sonido anuncia que un análisis, un cambio, una decisión se lleva a cabo o una consensualidad se disloca. Y sube el volumen de los cuerpos.

2.

FONOGRAFÍA: AMARILLO MANGÓ

Hearing has always been alchemical, a violent zone where sound waves mutate into a sedimentary layer of cultural meanings, where historical referents secrete into contemporary states of subjectivity, and where there is no stability, only an aural logic of imminent reversibility

- Arthur Kroker

At this point, I can't think of a sound I haven't heard or that I couldn't make. For me the strangest sounds I hear at this point in my life come from inside not outside. My dreams and basic nighttime thought process are where I find my most creative sounds. Nothing else can come close to some of the sounds I've heard in my mind.

- Paul D. Miller aka DJ Spooky that Subliminal Kid

Es posible que la memoria del color llegue a su fin y que el sonido del color nunca muera. En julio de 2006, la firma Harris Paint tomó una decisión que alteraría los rituales del cinéfilo puertorriqueño. La compañía decidió deponer su anuncio "Los colores de mi tierra" de las salas de cine de Puerto Rico, donde por más de una década había reinado como la identificación aural más patente de que un sujeto había visitado una sala presto a ver una película –como el sonido del cine, sin serlo. Que la experiencia de ver cine en Puerto Rico se llegara a asociar con la música, la canción, las palabras escritas y cantadas en un mensaje publicitario– por el sonido más que por la imagen, por el oído más que por el ojo – reiteraba cómo se podía lograr la unificación emocional y cultural a través del oído. De hecho, el anuncio antológico– que en intensos tonos presentaba la paleta de colores líquidos de las pinturas Harris, con la pertinente adjetivación de cada color– llevó a "los colores de mi tierra" a ser registrados como los sonidos de mi cine, en una sinestesia comunal, agrandada por las reverberaciones de las salas cinematográficas, convirtiéndose en un quasi-sagrado himno memorial.

> Aquel anuncio, con una composición realizada y cantada por Alberto Carrión y una cinematografía de Marcos Zurinaga probablemente pase a la historia como una de las cuñas más memorables de la publicidad puertorriqueña, ya sea por su pegajosa melodía, sus coloridas pinturas o meramente por las innumerables veces que pautó [sic].[1]

El exceso sensorial de ese anuncio emitido en el cine fue clausurado. La orgía de líquidos que se desparramaba en música y filtraba, sonificaba el Caribe fue reemplazada por un comercial nuevo, que respondía a la estética, la erótica y la publicidad contemporáneas. El lujo de las pinturas fue cambiado por la lujuria: lunas pintadas en las paredes, el erotismo fulgurante de una pareja, y el sonido de los cuerpos en feroces caricias amatorias. Pero la sexualización de las pinturas Harris no agradó a las audiencias. La ecuación de pintura y erotismo pareció desvanecerse ante la memoria y familiaridad del sonido conocido. El fracaso de la versión desmusicalizada provocó que la empresa escogiera una frase de la tonada original para un tercer anuncio televisivo en 2009, esta vez sin las cascadas líquidas de colores, y sin el cine como su plataforma primaria de difusión.

El cine funciona como un espacio melancólico, y la disposición física de una sala de cine puede, y casi siempre logra, despertar la melancolía de la pérdida. La repetición del rito aural que acompañaba la visión de esas pinturas de diferentes colores en voluptuosas cascadas de turquesa del mar y amarillo mangó no estaba tan lejos de ser lo que se describe como un "manuscrito iluminado del mundo posmoderno", en el que todo texto es, en esencia, un manuscrito iluminado, un montaje cinematográfico que posee características sensoriales hacia su ampliación. Para Marilynn Desmond y Pamela Sheingorn, los manuscritos iluminados del medioevo tardío eran una manera de visualizar la retórica, de acceder a las posibilidades de entendimiento sensorial que más tarde se plasman igualmente a través de la tecnología.[2] En este caso, el anuncio de "Los colores de mi tierra" forjaba la imagen, bordando con su coloreada lascivia líquida las entradas de la música y las adjetivaciones que, aparentemente en complemento del montaje visual, lo adornaban acústicamente, lo auralizaban.

Quizás el texto "visual" de Harris era todo lo contrario. ¿No se podría considerar la publicidad de Harris primordialmente como música con toques de color, como sonido que acepta ser acompañado por imágenes? El sonido circula estética, íntima y comercialmente sin el soporte de la rertina; no está sujeto ni subyugado a un balance composicional visual. Es el rastro aural lo que se lleva en la boca cuando se sale del cine. La repetición de este anuncio publicitario dentro y fuera del cine –como anuncio en la sala de cine; como memoria y ceremonia fuera de ella; como el grupo de Facebook "Amantes del Himno de Harris Paint 'Pinta tu Vida'"; como la publicidad más recordada, según encuestas; como sonido clausurado pero no contenido– es uno de esos trámites esperados que servía como manto sonoro de los cuerpos participantes. Se efectuaba la recomposición de los colores de mi tierra, ya olvidados visualmente, en la garganta–como–arma: el canto, el tarareo, el silbido. Otras formas de ese acceder a las posibilidades de entendimiento sensorial recurren en la isla, como ceremonias de repetición que constatan la capacidad de absorción y manufactura del ser que, al sonar, se sintoniza y se transmite a la vez.

•••

How does a body perform its way out of a definitional framework that is not only responsible for its very "construction," but seems to pre-script every possible signifying and counter-signifying move as a selction from a repertoire of possible permutations on a limited set of pre-determined terms?

- Brian Massumi

Para sintonizar una región, Christian de Pontmarzac y Philippe Sollers, en *Writing and Seeing Architecture,* insisten que hay que ponerle consonantes a las vocales de Baudelaire, que hay que completar las palabras que se comienzan sobre la ciudad, el ambiente, el entorno, y que nunca salen a flote porque se ahogan en el mar de los nacionalismos desconsonantados [3]. En suma: decidir que hay sujetos en la ciudad que es un sujeto, y no solamente un predicado de la nación. Ese sujeto sonante que se despide del cine con la canción "de su tierra" en los labios ya transita con el amarillo mangó de la "patria" en su boca. Lo que pueda, lo que quiera y lo que tenga que hacer con eso es parte de la ecuación que inscribe a la isla en esa zona violenta de repetición de la que escribe Koestler: *"a violent zone where sound waves mutate into a sedimentary layer of cultural meanings, where historical referents secrete into contemporary states of subjectivity"*.

Los referentes históricos del sujeto que sonifica su entorno siempre pertenecen a esa capa de sedimentación de referentes. Está siempre ahí, aprehendida, adherida a su secreción. Un sonido emitido –el color auralizado, por ejemplo– es reto auricular al presente, desde el pasado de su historia. En el momento en que el arma de la boca desenfunda, los sonidos distribuyen un arsenal codificado. Para Paul Valery, *"[a] sound makes into a semi-presence the whole system of sounds- and that is what primitively distinguishes sound from noise. Noise gives the idea of the causes that produce it, disposition of action, reflexes - but not a state of imminence of an intrinsic founding of sensation"*.[4] Pero la relación ruido/sonido en Puerto Rico complica los parámetros exactos planteados por Klee, ya que el ruido como práctica sociopolítica sí participa de la fundación de sensación que éste solo le adscribe al sonido. El sujeto que en su sonificación constante se resiste a privilegiar esa barrera que erige Klee entre ruido y sonido transita con comodidad entre las emanaciones - aprendidas, coaxionadas o escogidas - y se acomoda individual y colectivamente a los rigores subjetivos de silbidos, tarareos, abucheos.

Para Agamben, nos recuerda Reinaldo Laddaga, '"[s]ujeto quiere decir dos cosas: lo que lleva a un individuo a asumir y atarse a una individualidad y una singularidad, pero significa también la subyugación a un poder externo. No hay proceso de subjetivación sin estos dos aspectos: asunción de una identidad y sujeción a un poder externo'... Por eso dice que el resultado de los conflictos dependerá de la capacidad para actuar e intervenir en los procesos de subjetivación, con el fin de alcanzar ese momento que yo llamaría el punto de ingobernabilidad, de lo ingobernable que puede hacer naufragar al poder en su figura de gobierno, lo ingobernable que... es siempre el comienzo y la línea de fuga de toda política".[5]

El punto de ingobernabilidad sería entonces el cénit del ruido. Y la cadena de sonificaciones que categoriza y puntualiza la dimensión sónica de la Isla -el régimen de su adicción a la dicción- es una línea de fuga aural que, muchas veces, ha intentado el naufragio del poder, mientras el poder, por su parte, intenta otros naufragios. La mudez del ser sonante es el objetivo del poder, que utiliza precisamente el sonido para desarticular a sus sujetos. Para lograr sus propósitos publicitarios, exalta un sonido familiar, autoreferencial y autogratificante -pero vacío de consonantes y vocales- en busca de seducciones. Lleno está, sin embargo, ese sonido de códigos. Es un vacío de consonantes que repliega una orden de orden, como sugiere Attali: *"Despite the death it contains, noise carries order within itself, it carries new information".* [6]

Y es que las coordenadas del ruido -o los desórdenes del orden- están contenidas en la cifra política de la democracia. El (des)ordenamiento del ruido es el producto del otro, de la repetición de alguna insensatez, o del engaño que se funda en la familiaridad. Así Davide Panigia retoma las relaciones íntimas entre cuerpo/ruido y ruido/democracia, en las que el centro es una ruidosa iteración.

> Democratic persons are noisy creatures. The word "person" -derived from the Latin per sonare (meaning to make sound) -refers to an actor's mask which had 'a broad opening at the place of the mouth through which the individual undisguised word of the actor could sound.' The culture of the democratic iteration thus begins with a kind of trompe l'oreille, with a making of a noise that may sound familiar but whose cacophony denies the possibility of familiarity. Indeed, the voice of the other – which is the noise of democracy- always sounds senseless. [7]

El sinsentido gris de la democracia cacofónica podría asumirse como carente de sentido, pero la ecuación no es lineal – es tan ondulante como el sonido si se considera la democracia no como institución con responsabilidades y deberes, sino, como lo hace Panagia, como sistema de sensaciones que deja en suspenso su sentido final: *"The senselessness of which I speak ... is not synonymous with an absence of intention or meaning, nor is it reducible to nonintellegibility. Rather, it refers to a field of iteration that operates on registers other than the ones available for sense making."* [8]

El más obvio ejemplo de intencionalidad representativa de ese ser sonante puertorriqueño, su iteración y su (sin)sentido es el anuncio que la Compañía de Turismo de Puerto Rico (2010) que hace alarde de la memoria sónica que guardan los turistas una vez se despiden de la Isla. La transmisión del sonido corporal puertorriqueño es de seres silbantes hacia su desapego del lenguaje. De hecho, toda una estética de la desaparición circunda este enganche publicitario, en el que hombres y mujeres puertorriqueños -meseros, mucamas, guías de museo, bartenders, azafatas, porteros, empleados de las industrias turísticas y anfitriónicas de la Isla- no interactúan ni significan nada más allá que su silbido. La preciosidad de su articulación -el silbido de otra canción, Preciosa de Rafael Hernández - les hace entrañables como máquinas reproductoras de sonido, pero a la misma vez los enmudece. En el límite definicional, el anuncio solo permite que los sujetos que habitan Puerto Rico le demuestren a sus visitantes que Puerto Rico silba mejor. En el minuto publicitario, los seres de la isla son espectros aurales -audio sin vídeo- que colocan el silbido en la boca del otro.

El silbido que vibra y retumba y se evoca en el anuncio encapsula una nueva pero antigua red de relaciones. Parece ser el registro íntimo del deseo de brokers culturales y políticos que intentan traducir preferencias en ideologías. El resultado siempre es el mismo -una fantasmagoría que pretende reinstalar en la imaginación una potente y efectiva servilidad. Todavía muy preocupados porque al turista le guste la tacita de café local y las veredas de El Yunque, a expensas de la mudez de los "nativos" que sirven de delicioso muzak, el gobierno presentaba todas las noches este ejemplo de inmovilidad cultural como invitación a repetir un viaje hacia el sonido, al exceso indescifrable de emoción que convoca. Es el marco de la repetición lo que dicta la intencionalidad de la empresa. Los bartenders, las azafatas, los hosteleros del anuncio turístico se ocupan de que los turistas de ojos verdes se enamoren del son ininarrable del orgullo patrio y añorosamente silben Preciosa al salir de la Isla. Un silbido blanco, blanquísimo en el hotel, en el aeropuerto -una preciosa mentira para los que escogieran creerla. Puerto Rico no lo hace ni lo dice mejor, aunque los anuncios continúen insistiendo lo contrario.

Un silbido -en la jerarquía del poder político, y decididamente en la de la industria anfitriónica- es preferible a un grito. Que no sea un grito ni una canción, sino un silbido la decisión sonora de los trabajadores en sus horas laborables es una decisión política que desvocaliza a los ciudadanos a la vez que los dota de una siniestra capacidad de contagio. El silbido musical no turba, no es un estorbo. Aún así, a diferencia de los colores auralizados del cine, los silbidos del anuncio de la Compañía de Turismo propone un contagio al otro, una infección que reduce la deseada hospitalidad a una tonada que franquee cualquier dificultad idiomática. En el momento de mayor conexión los puertorriqueños son construidos y presentados por su propio gobierno como inentendibles, inaudibles porque en el momento de esa intimidad, de esa interpenetrabilidad, no comunican, solo resuenan. Es una isla que le niega a sus interlocutores satisfacción narrativa y les ofrece, sin embargo, el placer del silbido como compensación. La isla vibra como interpelación interrumpida.

Pero en la construcción de estos señuelos silbantes, hay placidez y hasta un rastro de sumisión. Plurales unidos en el reclutamiento de un ideal borroso, hacen visible su adecuación al sonido oficial. Dispersan impensada y, por ello, siniestramente. Contagiar siendo: ese es el sentido de la ciudadanía boricua. Como ha señalado Juan Duchesne Winter, "(l)a única zona de aparente visibilidad del ciudadano o la ciudadana insana se abre con la ventana del contagio. Ahí se manifiesta como excedente demoníaco que posee al sujeto, al individuo, a la persona o al personaje, reflejado en las superficies torcidas del espacio impúblico. Ese ciudadano insano es identificable en la forma de un contagio, en la dinámica de la percepción y la interacción como instancias de contagio. ¿Qué se contagia? Se contagia la insanidad" [9]. Insanidades controladas al ritmo del esfuerzo diario. El contagio del no ser como se espera que se sea, o simplemente el contagio del no ser. Ese estar entre el interior sentido y el exterior escuchado. Escuchar contagia al repetirse. Como plantea Nancy: *"To be listening is to be at the same time outside and inside, to be open from without and from within, hence from one to the other and from one in the other. Listening thus forms the perceptive or sensible (aesthetic) condition as such: the sharing of an inside/outside, division and participation, de-connection and contagion".* [10]

El misticismo fundacional de Puerto Rico como sonido incitante, ruido repetido o convocación sonora se convierte en una oportunidad inédita para resignificar la relación de los puertorriqueños con todos los renglones de su vida, en ese adentro/afuera.

No solo el gobierno, sino también la empresa privada ha recurrido a la receta de sonificación para describir a los habitantes de la isla a través de la publicidad, de la construcción de un sujeto que –como plantean Deleuze y Guattari– se mantiene fuera de la esfera de su propia construcción, y siempre es una consecuencia de una construcción ignorada. La empresa manufacturera Repostería Los Cidrines, en un anuncio radial, utiliza la misma canción que se escucha el anuncio de la Compañía de Turismo –Preciosa– para declarar la organicidad del obrero con su son y su (e)misión. Esta vez se presenta a los felices empleados de las panaderías tarareando Preciosa en vez de silbando. Quince repeticiones melódicas del "pan" –correspondientes a las 15 sílabas de "Preciosa te llaman las olas del mar que te bañan"– resumen la presumida felicidad laboral de los empleados que, en código de contentura, sin mediar palabra, trabajan para producir el mismo "pan" que tatarean, el "pan" de cada día, el pan obrero. El tarareo y el producto son lo mismo: el objetivo de ganancia. El pan manufacturado es el pan tarareado. El sonido es ganancia en la estructura vibracional de la preciosa labor compartida.

Esa fabricación de autenticidad sonora de la fuerza laboral o cultural de un país a través de silbidos y tatareos, repetida por la empresa privada y por el gobierno, tiende a reglamentar el cuerpo y sus movimientos, a presumir que el entrenamiento del oído convierte a los escuchas en maniquíes audio-kinéticos, en automatons. Se coloca al cuerpo en el límite de su sonido, de su guturalidad, y se espera que esa sonificación sea productiva política y económicamente. Pero el que escucha y se ve representado como ser sonoro encuentra su resonancia imprescindible. La decisión de emitir sonidos, la decisión de una emisión sin intervención institucional, constituye el descubrimiento de la alquimia que des–silencia, de la "reversibilidad inminente" de ese aprendizaje. A la vez, el ruido cumple con la irónica función de ser una especie de reprobación autorizada y sancionada. Zizek fundamenta esta transgresión común al proponer este tipo de transgresión como una burbuja que está cimentada en el mismo sistema que desea provocar: *"… periodic transgressions are inherent to the social order; they function as a condition of the latter's stability… The deepest identification which 'holds a community together' is not so much identification with the Law which regulates 'normal' everyday circuit as, rather, identification with the specific form of transgression with the Law, of its suspension"*.[11]

Como respuesta a las fabricaciones, invisibilizaciones y políticas gubernamentales, el sonido sale de adentro, armado. Michel Serres, en Genesis, dota al ruido de fuerza sustitiva, una toma de espacio que compensa por el deseo de andar armado: *"Noise is a weapon that, at times, dispenses with weapons. To take up space, to take t the place, that is the whole point… and noise occupies space faster than weapons can."*[12] Precisamente como arma que ocupa espacio se pensó por meses en la posibilidad democrática del terror sonoro en los Juegos Centroamericanos de Mayaguez en junio de 2010, y después se comenzó a titubear. Pero un país en el que la espontaneidad es la más calculada de las acciones ya está en problemas. La lenta manufactura de un abucheo acusaba la importancia otorgada a la acción de un ruido concertado, pero también de la certeza de sus débiles consecuencias. El croquis para el abucheo al exgobernador Luis Fortuño levantaba su andamiaje en Internet, en la prensa, en la radio. Una emisora radial, WKAQ 580-AM, preguntó a sus oyentes en un sondeo informal si favorecían que se abuchease al gobernador Fortuño en los Juegos como protesta a sus políticas gubernamentales - 77 por ciento dijo sí; 23 por ciento, no. Mientras, el gobernador temía, grababa un mensaje que sustituiría su comparecencia, debatía si se ausentaba o no de la ceremonia de inauguración, y sopesaba la conveniencia de esquivar el ruido posible y las repercusiones mediáticas y políticas de los sujetos audioeufóricos que conectan golpes con sonidos. Más tarde diría que las protestas en la Isla deben ser alegres, que - según el protocolo informal ya conocido - en las protestas la gente "lleva comida, hay música". En la invitación al abucheo masivo en Mayaguez no se convocaba a las ficciones protocolares del sonido imaginado de la isla. La dulzura anfitriónica del Preciosa silbado y la utopía laboral del Preciosa tarareado se subvierten, se recomponen, muestran sus fisuras, interceptan, niegan y cancelan sus frágiles representaciones sonoras. Es una movida lateral, con más fuerza, una desestabilización de esos sonidos imaginados. Y con un abucheo se le pone fin a las reverebraciones figurativas impuestas por el gobierno y sus descripciones del cuerpo sonante boricua. El abucheo es la intersección de muchos deseos en una onda momentánea. La conversación del país sobre el país de nuevo es fonografía pura, sonido sobre el sonido.

Para Michael Walzer, la democracia sufre "cuando el estado se apropia de todos los espacios posibles", cuando no hay contrapunto definicional, ni límites teóricos a su soberania. [13] Qué se hace cuando ya no se posee algo, qué se da, qué se cede, a quién se acalla, a quién se excluye, a quién se pisa. Al igual que un país que sobrecalcula, un estado que desterritorializa y des-articula preventivamente a sus ciudadanos está en problemas. El espacio que queda es el del sonido - el ruido se convierte en arma blanca, vertical, horizontal, salibosa y efímera, pero de una dureza imponente. Cuando el estado comprime los espacios, también comprime los cuerpos y los movimientos. El grito es un colofón, y se ejercita el derecho de abrir la boca para encontrar algún equilibrio. Ese es el imperativo del *noisemaker* - encontrar una forma que asegure la coerción social, la inclusión o la asociación.

La búsqueda de ruidos y sonidos no es pura. Es, sin duda, también punto de venta, suma y resta de dólares y centavos, receta de éxtasis. El anuncio publicitario que Pepsi diseñó especialmente para la gran celebración deportiva de los Juegos Centroamericanos de Mayagüez 2010 conjugaba magistralmente las pulsiones de los habitantes de la Isla en cualquier evento en que la Isla es representada: las euforias auditivas. Mientras el gobierno invitaba a silbar y seducir, en letras mayúsculas y a son de música la incitación de Pepsi era al ruido, al pito, al grito, a los instrumentos, a concentrar la emoción corporal en la emisión sonora que se oyera, para orgullo de la patria y el consumo del producto. Al darle cabida a las opciones de hacer ruido -para que se seleccione las que se desee, pero que se suene de cualquier forma-se privilegia la versión organizada y reglamentada del descontrol, la sonora democracia en la que los decibeles son los votos de aprobación.

REFRÉSCALO TODO
HACIENDO RUIDO
POR TU EQUIPO
CON PLENERAS
PITOS Y GRITOS
QUE SE OIGA
VIVA PUERTO RICO

El menú sonoro de Pepsi autoriza la gula emotivo-comercial. El ruido carga el peso de la adhesión, pero también de la colocación de los sonantes al lado de sus equipos - Pepsi y Puerto Rico. Son los pesos los que busca este exceso de ruido, la liquidez de su líquido producto. Que se oiga es la provocación que autoriza el consumo, la animada elocuencia boricua, el volumen que subirá en relación directa al desenfreno. Los sonidos estarán aquí rodeados de acciónes (pre) determinadas, pero no excluyentes. Pitos, gritos y, si se quiere y se requiere, cantos, silbidos, tatareos y también abucheos que lo "refrescan" todo.

En sus secuencias publicitarias pasadas y presentes, Harris Paint, la Compañía de Turismo, Repostería Los Cidrines y Pepsi resaltan los excesos sonoros como la norma del triunvirato de cultura, trabajo y consumo en Puerto Rico. Las cuatro campañas publicitarias coinciden en su deseo de traducir los cuerpos puertorriqueños a sonidos con peso. El exceso de intencionalidad pesa. Y si el exceso pesa, y el peso perturba, ¿qué se hace con el peso de un exceso en los bolsillos, que es el lugar al que está destinada toda cuña comercial? El bolsillo, más que una distracción, hace poco solo era una cuenca de olvidos de papel y esferas metálicas sonantes, la perturbación del final de cada día, las monedas en el piso al vaciar el equipaje. Ahora el ruido de las pesetas se ha vuelto todo un acto de seducción.

Victoria de Grazia recuerda, si es que alguna vez se ha olvidado, que Estados Unidos hace más de un siglo es *"a great imperium with the outlook of a great emporium"* – nada más, pero nada menos.[14] La coaxión/seducción de la economía fundamental de esa nación limpia –falsamente– a todos sus súbditos de culpa. Se consume con golosidad porque los golosos se contentan con la golosidad misma. Y el imperio es emporio fundado en el sonido de las monedas. Los billetes, recordemos, se lavaron la cara hace unos años, reconstituidos en color y visualidad. Las pesetas también. Puerto Rico forma parte del ruido excesivo del menudo que circula con una peseta "estatal", y la aparición de otra moneda honrando a El Yunque que circula como homenaje al entorno natural.

En medio de la circulación eterna del peso y los centavos – que ahora se ha hecho mucho más pesada, mucho más monedeada – hay que recordar con Marx que el dinero es una fantasía de traducción, y traicionero el traductor. Hay un banco que, para alivianar a los seres sonantes del injusto peso de las monedas adicionadas al precio de compras, complace con borrarlas del panorama   –si se compra con su tarjeta ATH– redondeando los centavos hasta el dólar más cercano, y poniendo esos centavos extra en una cuenta de ahorros. Es un "Ahorro Directo" y una traducción perfecta: no se ve nunca la vuelta porque la envían directamente al banco. Aquí la traducción silencia los bolsillos.

El anuncio de "Ahorro Directo" del Banco Popular de Puerto Rico replicaba una hazaña a la Tom Cruise en Mission: Impossible: El espía cuelga de una cuerda para no tocar el suelo, pero cinco monedas caen de sus bolsillos y activan las alarmas. El peso de las monedas es un peligro, y su caída de los bolsillos puede representar una pena que pesa tanto que duele. Hasta los centavos que no tenemos encima pesan de esa forma, teórica y virtualmente. Pero con esa nueva manera de traducir, el menudo desaparece, se transforma, se hace papel, y se ahorra, para no verlo – o sopesarlo – en ese momento en los bolsillos. Para hacer más limpia la transacción. Para hacerlo una "abstracción real", para que no suene.

La belleza impostada de esas economías invisibles, súbitas, tan mudas e higiénicas convierte la centavofobia reinante en el país en centavofilia comercial. Alan Badiou ha insistido que "ontología –la ciencia del ser– y la matemática es lo mismo, por lo que el ser no es nada más que la multiplicidad". Hasta las agencias de publicidad se gozan los grandes y pequeños "problemas de dinero" de los consumidores en sus anuncios. Ahorrad y multiplicaos. Multiplicaos y traducíos. La traducción comercial busca eternizar el valor consensual de un objeto a través de un trueque, y que no sobre nada.

La vuelta, el sobrante, es por definición lo que no tiene traducción, o lo que hay que reciclar. Los centavos, hasta hace poco, en nada se transformaban.

De hecho, el sobrante es el inicio de la avaricia, la coleción del exceso sin propósito, el sonido de lo que fue, el ruido de lo posible. Pero es sólida la reivindicación de los centavos, que ya no son parias en el concierto mondedero del bolsillo, sino protagonistas como nunca antes de los momentos de consumo. Seres sonantes con bolsillos silentes - no habrá que ir más pesados, ni caminar con más cambio en los bolsillos, ni hacer más ruido al caminar. A 2.5 gramos por centavo, se carga más peso de lo que se cree en las avenidas con techo de los malls del país, en las autopistas, en los cines y en los estadios donde se suena en demasía. El exceso, como apunta Zikek, se vuelve y devuelve como incontrolable verguenza: *"I am ashamed when I am confronted with the excess in my body, and it is significant that the source of shame is sound: a spectral sound emanating from within my body, sound as an autonomous organ without body, located in the very heart of my body and at the same time uncontrollable, like a kind of parasite, a foreign intruder".* [15]

Desde ese incontrolable órgano autónomo del sonido, el sonido del peso y el peso del sonido se confrontan como incontrolables realidades. Se diseña y se enmarcan estructuras para el cuerpo que pesa en sus sones y ritmos, y para ese exceso que se prefigura y se exhibe. La exportación de la patria con el sonido como oferta y escudo procura ese exceso corporal: se suena en demasía, y el sonido adquiere -real- peso en demasía. El accidente de una reunión de seres sonantes, de una excesiva euforia, de un excesivo movimiento, de una "identidad" sonora en medio del mítico Pabellón de Puerto Rico en la Feria de Sevilla de 1992, sirve como audiogesto que, como narra

Miguel Rodríguez Casellas, en su momento cristalizó las urgencias excesivas de una isla en busca de su lugar en el mundo. El Pabellón de Puerto Rico en esa celebración del 500 aniversario del Descubrimiento de América -diseñado para desplegar la euforias corporales y sónicas- funcionaba primordilamente como el eco de la Isla en España, con conciertos de música puertorriqueña y un desconcierto que seducía a los visitantes. Pero la plataforma de lanzamiento celebratorio de una Isla también fue plataforma de un "milagroso" colapso identitario.

> An accident unleashed the symbolic miracle... Against any highbrow projection, salsa music became the real success at Seville, and in one of those wild evening concerts segments of the glass platform oveR the reflecting pool that was part of the entrance sequence (later used as an improvised bar stand) collapsed under the impact of the dancing musicians. I am open to believe that this was the true foundational act of Puerto Rican identity, so strong that no architecture could have contained it. [16]

El peso de la música y los cuerpos en son, incontenibles para la plataforma en la que el país se auralizaba, cedían ante la gravedad de su propia importancia. La plataforma colapsada adquiere mítica grandeza: coloca al cuerpo en su pentagrama incontenible. La caída de los cuerpos es un performance - el ascenso y el declive de la isla en peso -, el intento de "levitación acústica" que se repite cotidianamente en un coliseo, un aeropuerto, un hotel, un estadio, como señuelo de comercio y tránsito y turismo, con el cuerpo presente buscando palpar el ruido de su peso.

•••

El ruido de los estadios deportivos, y el rumor del dinero que ahí se recauda, se pulsa y se piensa en la domesticidad, se cuela y llega a los recintos privados por vías tecnológicas. Como onda, su extrema portabilidad filtra sin pausa sus nociones de nación. La nación, en estos casos, equivale a su inmersión en el ruido. A veces, también, el país es un incontrolable parásito, un intruso hecho de sonidos, o se resume en una campaña publicitaria que (o)pone el sonido a flor de alguna piel. Con la repetición se logra establecer una intensa -aunque breve- reagrupacion de sentimientos que -en términos de Joseph Nechtaval- provoca la unificación (el *"self-attentive unification"*), que lleva irremediablemente a un sometimiento: la fuerza de una conciencia que se interna en sí misma *("immersive noise consciousness")* y que revienta en éxtasis *("the ecstasy of going outside of self)"*. [17] Nechtaval también recuerda que el ruido, en su origen, refiere a la tensión incontenible, a un estado de alarma, a la náusea: *"Torben Sangild points out in his essay "The Aesthetics of Noise" that, etymologically, the term "noise" in different Western languages (støj, bruit, Geräusch, larm etc.) refers to states of aggression, alarm and tension, and to powerful sound phenomena in nature such as storm, thunder and the roaring sea. It is worth noting in particular that the word "noise" comes from Greek nausea, referring not only to the roaring sea, but also to seasickness, and that the German Geräusch is derived from rauschen (the sough of the wind), related to Rausch (ecstasy, intoxication)"*. [18] El ruido: la náusea intoxicada que responde al régimen de su alimentación - en este caso la patria dentro, desde, saliéndose del cuerpo.

El cuerpo del baloncelista José Juán Barea - un año antes de que sus Dallas Mavericks conquistaran el campeonato de la NBA, un año antes de que se convirtiera en "JJ Barea' para el mundo y que su recibimiento paralizara por un día la ciudad de San Juan, un año antes de que su canasto a 1.5 segundos de finalizar el juego le diera la medalla de oro a Puerto Rico en los Juegos Panamericanos de Guadalajara - fue seleccionado como máquina resonante del pulso y corazón de la isla de Puerto Rico, como el éxtasis a ser repetido y compartido. La compañía Gatorade escogió al jugador "humilde y callado" como el perfecto ejemplo del mítico "100 x 35" luego de que en votación pública fuera seleccionado como el portador de la bandera puertorriqueña en los Juegos Panamericaos de 2010. Mientras Barea caminaba, jugaba por la patria y recibía la medalla de oro junto al equipo nacional de baloncesto, sus ruidos, el latido de su corazón, su pulso, sus signos vitales estaban disponibles en una página de Internet para el consumo de la nación, "El corazón de Puerto Rico". Los ruidos vitales devienen signos de un cuerpo atlético que se despliega hacia las sensaciones del otro. El hombre que meses después tendria su propio muñeco bobblehead - signo de estrellato deportivo en Estados Unidos - resonaba en los oídos tecnológicamente aptos, alertaba y convocaba el orgullo de sus conciudadanos. El ruido del cuerpo y los latidos del corazón de Barea lograron para la agencia publicitaria JWT una medalla de bronce en el Festival de Cannes 2011. Así el gozo de un ruido privado que se hacía público y nacional cruzaba con honores el mar de los triunfos apetecidos, triunfos impostados que domestican los espacios en bumerán sonoro, asegurando alguna imaginada amplitud.

Y allí en la domesticidad que define los días, el sonido no se anula, se ubica en su espacio material: el sonido del color no tiene fin aunque la memoria del color a veces muera. Por la tecnologizada selva del sonido doméstico, la identificación con el entorno nacional permanece. La cristalización de la amplitud del país se sustenta y se tonifica en el sonido, no en la imagen. La explosión de resonancias también es posible al comprar un ringtone que amplíe la nación a su recuerdo antes del iPad, antes de las ATH y las cascadas de colores, de los bartenders silbantes y los panaderos tarareantes, aún antes de los supermercados y las Pepsis. La imaginación sonora se planta en la realidad del vociferante que recababa el menudo para el consumo, que con ruido pedía más ruido y no su traducción. Todo ya al alcance del teléfono móvil más cercano del ciudadano/obrero/consumidor, que puede vibrar en cada llamada con la evocación de otro sonido nacional, bien 100 x 35, casi vital, casi mangó: "Amarillo, amarillo los plátanos".

3.

DECISIONES SÓNICAS: "LLÉVAME AL LUGAR DONDE ESTÁ ESE RUIDO"

Nothing essential happens in the absence of noise.
- Jacques Attali

Noises are sounds that are impure and irregular, neither tones nor rhythm - roaring, pealy, blurry sounds with a lot of simultaneous frequencies, as opposed to a rounded sound with a basic frequency and its related overtones. - Torben Sangild

[L]istening... can and must appear to us not as a metaphor for access to self, but to the reality of this access. - Jean-Luc Nancy

What are we capable of? Esa –dice Sylvére Lotringer– es la pregunta que transita el libro de Paolo Virno, *The Grammar of the Multitude.*[1] La pregunta es también otra, que es la misma: ¿De qué combates somos capaces? *What is a body capable of?* La gramática que Virno describe procede a detallar las vicisitudes del cuerpo político y las manos políticas y el sonido político de esa multitud que siempre es colectiva. La exhibición de manos, sonidos y productos es para Virno una composición que en su tránsito confirma una actividad que resulta pública y, por ello, política.

Pero Virno también recuerda las decisiones individuales que se toman para inactivar, para hacer desvanecer en la esfera del ojo el cuerpo que se mantiene circulando solo en su producción, en su labor cotidiana. Recuerda a Glenn Gould, el pianista que se aisló precisamente para no exhibirse públicamente, para que todo él -su cuerpo y el sonido que sus manos producían- pudiera esquivar la mirada pública-política hacia el despliegue virtuoso y la exhibición comentada de su maestría. Otros podrían detectar la presencia de sus manos en los productos, pero no podrían verlas mientras los creaba. Escribe Virno: *"At a certain point Gould declared that he wanted to abandon the "active life," that is, the act of being exposed to the eyes of others (note: "active life" is the traditional name for politics). In order to make his own virtuosity non-political, he sought to bring his activity as a performing artist as close as possible to the idea of labor, in the strictest sense, which leaves behind extrinsic products."* [2]

Esos productos extrínsicos -sus discos, sus grabaciones- se tocan y se tocan. Y si, según Aristóteles, la sensación de tocar es intermediada, y el órgano que toca es interno, y nada tiene que ver con la piel que media, Gould se tocaba doblemente, en éxtasis continuo, siendo su único espectador. Desde adentro. Y desde afuera, como Jean-Luc Nancy: *"I am for myself an outside... It is through my skin that I touch myself. And I touch myself from the outside, not from the inside"*.[3] A través de la piel, el cuerpo es capaz de componer su propia auralidad, decide sus reglas y prohibiciones y, al resonarse, se desgarra, borra la piel de la ecuación, la evapora. De igual forma los silbidos y los tatareos flotan en su intervención en el espacio político, como decisiones que filtran las gramáticas sonoras que el cuerpo se permite, o se niega.

Gould se negó a sonar en público, y le negó al público las políticas públicas de su cuerpo de pianista, pero hay otros que las cultivan. Al decidir qué hacer por y a través de los sonidos, el cuerpo es, en su despliegue continuo, aprendiz, director de sonidos, prisionero de ruidos – todo a la vez e inolvidable. La pregunta es la misma, que también es otra: *What is a body capable of?* Con todo ese capital en las manos, en las bocas y los oídos, esas maneras de virtuosismo o política, esos toques externos o internos, el cuerpo es capaz de pulsar su poder, aunque a veces la derecha no sepa lo que hace la izquierda, y a veces precisamente porque no lo sabe.

•••

Si el ruido es un fragmento, un detrito, una incompletez, un electrón aural perdido oscilando en busca de valencia u orden, ¿dónde esta el riesgo de escuchar, qué temor al contagio con lo "impuro e irregular" mantiene en su sitio privilegiado la ambivalencia cultural hacia el ruido, o hacia esos sonidos que no parecen "trabajados", que no conectan instantáneamente con lo conocido, con lo que ya se sabe identificar? Nada ocurre en ausencia del sonido, recuerda Attali. Por el oído entra la posesión de la ciudad, el timbre desinhibido de la sonópolis. La velocidad de posesión de la sonópolis también entra por el oido, así que es en la recepción de esos sonidos que se registra la posibilidad del audio sapiens de detectar las fonografías (lo que crea, recrea o imagina el ruido o el sonido) para producir decisiones estéticas, cívicas, sociopolitícas, íntimas, para poder sentir en la arquitectura del oído el deseo en busca de su objeto, o en su espera. El remix del *audio sapiens* procura el éxtasis y, como proclama Baudrillard, es su propio fin.

De nuevo, ¿dónde esta el riesgo de escuchar, si es escuchando que se pulsa la euforia en los cuerpos? Cuando Carlos, niño, en la década de 1940 se acercó al edificio que contendría su futuro en la nueva ciudad que ya contenía su futuro, Nueva York, con un acento y en busca de otro acento, fue su oído el que lo guió hacia el ruido y hacia la inquieta posibilidad de hacer ruido, y hacerlo bien. Confió, sin saberlo, en su estética sonora, ya que su infancia se estaba haciendo cargo de proponerle e (in)formarle que era un sonido - el sonido de la pera- el que ofrecería tangibilidad a su existencia. Carlos entró al edificio - y al boxeo - bajo la tutela del sonido, invitado por el ruido, a asistir sin saber que asistiría de por vida a esa combinación tangible de cuerpo y cuero (ese light bag sonoro) en movimiento, al sound in a bag. Es una de las historias que más le gusta repetir, Carlos, el ex boxeador, confiesa que anter de ver o tocar, se sintió "hipnotizado" por el ruido de una bolsa a la que los puños de otros le imprimían un timbre irreconocido. Dentro del edificio donde iba a ejercitarse, su tutor se topó con un pedido inusual, sonoro y definitorio

> He took me upstairs to the gym where the kids were playing basketball, which I really didn't really take to. Then, all of a sudden, there was a noise in the beyond that I heard, it was the sound of a light bag. When I heard that noise, it mesmerized me. What a beautiful noise, I thought. I told Mr. Reilly, 'why don't you take

me where that noise is?' He took me up to the mezzanine, and I saw this kid punching the light bag, and it was the most beautiful thing I had ever seen... It was something I had never seen before, and right away I wanted to learn how to punch that bag, because the noise got to me. Two days later I came back, and the trainer asked me what I wanted. I told him I wanted to learn how to punch that bag. He showed me how to punch the bag and, little by little, I got the hang of it. So I decided 'I'm coming back,' because the noise, the rhythm got to me. I went to the gym for another week, and then I started to like the way the kids were boxing and training. I said, 'this is beautiful.' The trainer asked me if I wanted to learn how to box, and that was the time of my life. I said 'yes, yes!" He started training me, and from that day on, it was history. It was like tasting a piece of pie, or a scoop of ice cream, and the taste is still here fifty years later. [4]

Antes de la ejecución técnica, el golpe, o el killer instinct estuvieron como fundamentos de la decisión acústica de Carlos la estética y el oído y el ruido de la pera - el ruido y su ritmo. Más tarde llegarían el sonido de la actividad física, tangible, de su cuerpo. Si el boxeo como instrumento sonoro fue lo primero que registró cuando niño el ex campeón mundial puertorriqueño Carlos Ortiz (y ni siquiera el boxeo - registraba el ritmo de esa pera de práctica que prefiguraba su futuro, la fascinación de un ruido) entonces su decisión de entrar al deporte fue primeramente el encuentro y la búsqueda de un sobre sonoro que lo transportaba. Para tomar la decisión que le cambiaría la vida, Ortiz cruzó ya no tanto *"the conceptual dividing line between noise and music, between sound and musical sound"*, [5] sino la línea conceptual entre ruido y acción.

Ese cruce de línea divisoria, de frontera de ruido a acción, se completó, y perduró como proyecto físico. *"The sonorous appears and fades away into its permanence"*. Fue permanente el contacto del oído de Ortiz con el ruido: apareció y se estableció lateralmente, "a noise in the beyond". Apareció y hubo que seguirlo. Carlos Ortiz *was a contender* por su oído. Lo contrario también es cierto: No hubiera podido ser contendor y campeón mundial si no hubiera obedecido al ruido. Una decisión sonora - que se basa en la presencia del ruido o sonido, antecediendo la acción a la que el sonido está atado - le valió el título mundial de los pesos medianos décadas más tarde.

El boxeo es la intimidad con los ruidos que se anticipan, estar casi desnudo con los temblores del cuerpo, provocando además ruidos en la marcha. Hay que sonar antes de que te suenen. Y el sonido, como onda o como ritmo, es un acto que asegura su recepción. Aquí se suena contra el cuerpo del otro, y se espera escuchar el contacto, el roce. Cada golpe insiste en que todos somos sujetos escuchas (*"listening subjects"*), equipados desde el nacimiento para agarrarse al oído, participantes y productores del sobre de sonido que se construye como envoltura.[6] Los registros del acto de escuchar - como cosa fantástica y como espacio fantástico - conducen siempre a algún gozo. Cosa y espacio son inicialmente regulados por la recepción de un más allá que también es un antes de la entrada de la voz, un ruido que ilustra, como escribe Guy Rosolato: "*[L'eclat] existe comme un singuliere illustration de cette Voix d'avant la parole, ou l'homme se depouille des mots*".[7] La desnudez del ruido –su llegada anterior a la vestimenta de las palabras– se mantiene como invitación: la voz antes de las sílabas, y sin necesidad de ellas.

Si el boxeo como decisión profesional y eje de movilidad socioeconómica que ha marcado por décadas la vida de atletas puertorriqueños (campeones mundiales, medallas en competencias internacionales, dinero seguro) es bien entendida, alabada por las autoridades deportivas y perseguida por la prensa, el boxeo como decisión sónica, pura, se considera incompleta. No se puede escapar del asunto de su visibilidad, de su ser público frente al otro, de su escaparate político. La entrada al ruedo del ruido es la provincia mágica los boxeadores. Su representación es ruido puro. Michel Chion en *Audio-Vision: Sound on Screen* reclama que en el boxeo fílmico el ruido del golpe es más importante y contundente aún que el golpe mismo. El boxeo en su versión fílmica es más el sonido que la acción - la imagen del sonido es el sonido mismo. O, dicho de otra forma, es el sonido el que delata y detalla el poder, el que agranda lo que en rigor es una justa de linchamiento: sacarle el aire al otro.

La secuencia fílmica de esa expulsión de aire del cuerpo que recibe el golpe es el "punto de sincronización" que demuestra, según Chion, que la realidad visual es organizada desde los sonidos, desde el audio que se manufactura para entender la acción.

In real life a punch does not necessarily make noise, even if it hurts someone. In a cinematic or televisual audio image, the sound of the impact is well nigh obligatory. Otherwise no one would believe the punches, even if they had really been inflicted. Accordingly they are accompanied by sound effects as a matter of course. This punctual, momentary, abrupt coincidence of a sound and a visible impact thus becomes the most direct and immediate representation of the audiovisual synch point, in its quality as the sequence's keystone, punctuation, Lacan's point de caption. The punch becomes the moment around which the natrration's time is constructed: beforehand, it is thought about, it is announced, it is dreaded; afterward, we feel its shock waves , we confront its reverberations. It is the audiovisual point toward which everything converges and out from which all radiates. And it is also the privileged expression of instantaneity in the audioimage.[8]

El ruido que embrujó y sedujo a Carlos Ortiz fue el de la pera, no el de los golpes fílmicos. Aún así, es el sonido del golpe el que embruja fílmicamente. Martin Scorsese empacó a Jake La Motta en Raging Bull con ambición sónica, y Sylvester Stallone le legó a Rocky el cuerpo del triunfalismo musicalizado. La gigantez del sonido prefiguraba de lo que eran capaces sus cuerpos sin consonantes ni vocales. Pero el boxeo puede ser también una palabra que no escapa a la actividad política de su consumo. Se habla antes y después en los pesajes y en las conferencias de prensa, se prepara la batalla desde una guerra verbal. Es circunspecto el sonar de un golpe, pero también prefigura una embestida: Estallar en celebración por haber "callado" al otro. El puñeta gritado de Tito Trinidad luego de obtener su cerrada y controvertible victoria sobre Oscar de La Hoya sonificó esa noche del 18 de septiembre de 1999 con tres sílabas post-triunfales, el alivio post-puño, post-puñal, pre-bolsa. Emparentados en su ruido visceral, la erótica y el audio completan el tránsito del ruido de la pera al sonido de monedas en la bolsa.

•••

De otra bolsa, de otro bag, de otro tránsito proviene la decisión de registrar, resonar y censurar sonidos que no son productos de decisiones ni son voluntarios, pero que circundan en espacios cerrados: los sonidos que nunca se han escuchado.

Un buen día de 2004, el artista conceptual Bernhard Gal compró una amplia maleta, cuadrada y resistente, construida para sobrevivir el peso de su contenido, con refuerzos en las esquinas. Gal convirtió esa maleta en un secreto emocional y en filtro de los ecos desconocidos del mundo. La llamó *soundbagism*.[9] La pieza pesada que subía y bajaba por las correas hidráulicas de las ciudades europeas pasó por las manos, los ojos y los comentarios de muchos inspectores de equipaje mientras se deslizaba por los no-lugares utilitarios de Europa para aterrizar luego en la América Profunda. La maleta que recorrió miles de millas no era una pieza de equipaje cualquiera. En su interior guardaba un sofisticado equipo de grabación que atravesó encendido e indetectado los puntos de seguridad del caliente clima de vigilancia post-9/11, y detectó y grabó todos los ruidos y sonidos de su travesía. Ya cargada con el sonido, aterrizó en el Aeropuerto Internacional de Denver, Colorado, donde Gal y otros artistas someterían al escrutinio de los visitantes los resultados de sus búsquedas. Allí, conectada a bocinas, la maleta de Gal repartiría en el mismo aeropuerto los ruidos que había cargado, en una composición de 40 minutos que divulgaba sus sonidos secretos. La decisión de repartir los ruidos de la secreta travesía acústica de su equipo le valió la vigilancia del gobierno estadounidense. Algunas de las piezas de la exhibición fueron censuradas por las autoridades gubernamentales, que aducían la defensa de la nación sobre los ruidos y sus posibles contenidos desconocidos. La maleta de Gal se convirtió en el equipaje espía, el *loudspeaker of the people, for the people.*

La existencia de esos sonidos –incomprensibles, indefinibles– complicaba la nueva estructura del espacio y la seguridad que imponía el momento político. La grabación y la reproducción del ruido - de la transacción del tránsito - llevaba al lugar donde no se escuchan los ruidos. Para una sociedad que comenzaba a reevaluar las alianzas y las identidades desde la paranoia post-traumática del desastre, la divulgación sonora de una transacción privada cualquiera (una maleta que graba su pasar) representaba una amenaza innegable. El peligro no fue su transitar por los aeropuertos, ni la posible censura mientras se encontraba en tránsito, sino lo que podía contener, la transcripción de sus ruidos, y su simbolismo - haber franqueado el panopticón del tránsito mundial en el momento en que un ruido, un sonido, podía representar ansiedades colectivas y podía hacía estallar sensibilidades.

La posibilidad de un ruido, entonces, despertaba la necesidad de acallarla. Quizás es porque la velocidad del despliegue sónico sugiere un nuevo campo de movilidad estética. El andamiaje decisional le debe más cada día el sonido portátil -amenazante por desconocido, porque le pertenece al otro que lo maneja - a la portabilidad del mundo sonoro, y la tangibilidad de lo grabado y recordado. De la integración del sonido a los cuerpos se configuran lecciones difíciles. Ha sido un periodo de aprendizaje como ningún otro, según Don Ihde. *"Through this [electronic communications] revolution we have learned to listen farther than any previous human generation. The telephone, the radio, and even the radio telescope have extended the range of oir hearing as ever before. It has also made technologically produced sound pervasive".*[10] Esa (r)evolución es un punto de partida que también replantea una nueva fenomenología - *"[it] has made us aware that once silent realms are in fact realms of sound and noise".*[11] Hay que desarrollar un nuevo olfato para los sonidos, parece decir Ihde, pues es el sonido el que rige la nariz del mundo, en un irónico planteamiento que reta los postulados de Confucio sobre el estado idóneo de cualquier estado: *"From the Confucian perspective, the ideal state of moral influence is 'soundless and odorless' (wu xeng wu xiu), that is, a state void of shengse".* [12]

•••

El cuerpo puede ser el lugar donde se negocia la confusión sensorial, pero insonoro, incoloro y vacío no ha transitado nunca. La musicalidad y el movimiento se imponen al shengse. Henri Lefebvre resalta el despliegue espacial del ingenio interno: *"The body's inventiveness needs no demonstration, for the body itself reveals it, and deploys it in space. Rhythms in all their multiplicity interpenetrate one another. In the body and around it, as on the surface of a body of water, rhythms are forever crossing and recrossing, superimposing themselves upon each other, always bound to space."* [13]

Atado a su espacio de ritmo autogenerado, el rastro del ruido en el cuerpo confunde, reeduca y cambia los planes hasta de los más poderosos. Adál Maldonado ha escrito que la vibración del cuerpo y su imposibilidad de callar sus emisiones reestructuró hasta el sonido mismo de la creación: En el principio, dice el artista, fue el Mambo.

> In the beginning there was el Mambo. And God didn't know how to mambo so he said "Let there be light!" which meant the end of the night and He sent everybody home for knowing how to mambo without His divine permission. And though He could turn the tides and calm the angry seas He couldn't stop the musicians from jammin'. So the people said to the Lord "Later for You until Sunday morn." and kept having a ball 'till all hours of el night. And the Lord didn't know what to do so He learned to do el mambo too! [14]

53

Cuando el cuerpo se desata y suda es que movimiento trae. Y trae el olor que el movimiento le asigna. Y el movimiento se transforma en sonido comercial. Lubricado por el sonido, en una plenitud descriptiva, el olfato es música reconocible, detallable y rentable.

"¿A qué huelen los latinos? A violeta y almizcle, dicen algunos", preguntaba y casi se contestaba *The Wall Street Journal* el 31 de agosto de 2001. [15] Liz Claiborne lanzaba su primera fragancia "latina" especialmente olfateada para los jóvenes estadounidenses. Pero la idea de una fragancia tal planteaba una cuestión nasal: ¿Cuál exactamente era el olor latino? "¿Es el aroma de un plato de chiles picantes? ¿La esencia de un habano? ¿Nos reconoceremos unos a otros cuando lo usemos", cita el Journal a Clara Rodríguez, socióloga de la Universidad de Fordham en Nueva York. [16] Al final de la interminable lista de preguntas que planteaba la posibilidad de reducir alguna presumida "esencia" identitaria en una real "esencia" olfativa, la contestación de la pregunta "¿A qué huelen los latinos?" sería: A música.

Mambo fue escogido como el nombre de la fragancia –sobre las otras opciones, Salsa y Tango– porque, según el presidente de Liz Claiborne Fragrances, Neil Katz, "no hay que explicar su significado en Duluth, Minnesota". [17] La definición sonora de los "latinos" viene de afuera: Si es reconocible en Duluth, es buena para todos, incluyendo a los latinos. El mambo, el ritmo, era el sonido carnal homogeneizado que podía empacarse para los puntos de venta porque llevaba consigo la destilación de lo latino que se mueve, que es música o quizás ruido, que es tan portátil como el perfume mismo. Y la marca de los decibeles es siempre apetitosa. Aquí, con la acquiescencia de un público estadounidense, se componía una Historia (Nasal) del Mambo. Se podía olfatear la latinidad, que ya era una categoría sonora y sonante. Del Latin music al Latin smell: una decisión sonora.

El aroma del ritmo también es el olor presumido de la esencias que han presentado en el mercado músicos y cantantes como Carlos Santana y Jennifer López. Las fragancias aseguran y difuminan la imagen de la música latina, y de los ruidos, como locus de la latinidad, del espectáculo de la carne cuya voz es acentuada. Seres sonantes que se asoman por todos los sentidos, incluyendo el olfato. Antes de moverse, el cuerpo latino resuena. Pero esa "acústica latina" que presentaba Mambo se cifraba en la aspiración de penetrar - por la nariz, por la boca - además y más allá de por los ojos. Ya con la aspiración cumplida, el aroma transpira y satura el oído. El allure del sultry scent abre el apetito.

Ruido y aroma construyen entonces al cuerpo "latino" como pintura sensorial. No hay posibilidad de silenciar el cuerpo asumido como sonante a través del olfato, ni de olvidar sus intensidades. El intento de cancelar esos ruidos internos recuerda al pintor Carlo Carra y sus verdades "indisputables" sobre el dinamismo de los sonidos, los ruidos y los olores frente al estático silencio: *"sounds, noises and smells are nothing but different forms and intensities of vibrations and ... any succession of sounds, noises and smells impresses on the mind an arabesque of form and color. We must measure this intensity and perceive this arabesque".* [18]

El rastro de la garganta se lleva a la nariz. Los ruidos viscerales son experiencias nasales, una propensión a "condensar la voces", como ha indicado Eduardo Paz Roldán que debe ser el papel de Puerto Rico en la cultura contemporánea, o "una frecuencia básica y sus sobretonos relacionados", como sugiere Sangild, que se desprende en frecuencias simultáneas. Otro ejemplo de presencia lateral, del *sideways movement*. Es el rastro – sónico, olfativo – lo que le ofrece tangibilidad a la sombra imaginística que se cree eje de la cultura. La ciudadanía sónica, cacofónica se manufactura como una jornada acústica, repetida al cansancio, minando las imágenes que saltan a la vista, movilizando cuerpos que pretenden llevarnos al lugar donde está ese ruido.

4.

SON CÍVICO: GROSS NATIONAL NOISE

Communities are to be distinguished, not by their falsity/genuineness, but by the style in which they are imagined.

- Benedict Anderson

There is a silence where hath been no sound. There is a silence where no sound may be in the cold grave under the deep deep sea.

- Thomas Hood

Salibo, al imaginar el sonido de las panderetas - y las Bose a to suiche pa que nos oigan allá arriba! - mezclado con el regaetón y los tiros de los paris, el ruido del pericóptero y las sirenas de los forenses que vienen a recoger el asesinado más reciente. El último fiambre que quedó muy quedo en una escalerita azul. Como si a alguien le importara.

-Marcos Pérez-Ramírez

Convención fílmica: ahí está el hombre que pende de un hilo (es una película blancoinegra cualquiera, de la década de 1930, o 1940) y el hilo en este caso es el borde de un edificio. En el borde, en tiro de picada, se ven las manos agarrando, con fuerza inexistente, ese pedazo de concreto que lo separa de la mortal gravedad y el final en caida, grito y asfalto. O cae o no cae: la secuencia es simple. O inventa cómo o le inventan dónde. Van debilitándose los brazos y de la mano solo queda un dedo en el tejado. Se aprende que también se puede pender de y pensar desde un dedo. Se repite la receta cada vez que hay que llegar a un borde para probar la fuerza del cuerpo antes de acometer un grito al vacío.

El dedo que se desprende en *The Piano* (Jane Campion, 1993) deja a Ada (Holly Hunter) cercenada en su voluntad de tocar. La muda madre y maestra de piano escocesa en la Nueva Zelanda de los 1850s toca las teclas del piano hasta que su esposo, celoso e irracional, le impone el desconcierto de una amputación. Un dígito se sustituye por un dedal que le permite a Ada el placer de tocar y retocar. A Derrida le fascinaban las manos de los filósofos, y aquí en Ada hay una filósofa que articulaba en señas. Jugando de manos, su cuerpo - parafraseando a Wogenscky, biógrafo de *Le Corbusier* - era capaz de comunicar *all the vibrations of her inner life that her muteness tried to conceal.* [1]

•••

Ver *The Piano* sin la exuberancia de su banda sonora, o sentarse frente a la cinta subtitulada, requiere entonces varias secuencias de traducción. Silente, la cinta estetiza el vacío de la protagonista, pero el audio apagado no transmite las energías del resto de los personajes. El experimento que iguala a Ada y a los personajes en su posibilidad expresiva convierte a Ada en coreografía pura, en un exceso gestual que carga el ritmo de la cinta desde sus vibraciones corporales.

Con *The Piano* subtitulada, se amplía la actividad del espectador, que se ve obligado a tramitar a Ada del silencio labial al movimiento gestual a la lectura de letras en pantalla. La mudez y las palabras van en dos bandas diferentes, y los subtítulos entran y salen como proveedores de las diferentes energías que emanan de todas partes – traducen el silencio y las palabras, pero el esfuerzo de leer opaca la necesidad de entender las pulsaciones que el personaje principal desata. De esta manera, existen las vibraciones puestas en contexto por el sonido circundante, los acentos, las prisas y pausas de sus interlocutores, pero se debilita la carga de esa coreografía intensa que una mirada, puesta en los subtítulos y no en los ojos y la cara de Ada, ya no puede recoger.

Como experimento en las prácticas colectivas de ver y oir, Alan Licht ideó el "Rashomon Project" (2003), una serie de veladas íntimas en las que el compositor invitaba al público a asistir a una versión silente de Rashomon (Akira Kurosawa, 1950), y corear como desearan los subtítulos de la película al unísono.[2] La lectura de subtítulos presentaba un reto y un divertimento colectivo. Sin previa discusión ni consensualidad de intención, las audiencias en Nueva York y Boston certificaban su emoción gritando o susurrando las palabras, a diferentes velocidades e intensidades de emoción, completando así la película en la que las versiones y la memoria son temas principales. La lectura de subtítulos se apropia efímeramente de las verdades secuenciales que darían paso a la verdad parcial que se cuenta en el film. Ni historia filmada ni banda hablada compondrían nunca un evento completo porque se había prescindido de los sonidos y ruidos que imponen el marco aural de la geografía fílmica. Y es que los sonidos también se dirigen. Van desde un lugar hacia otro, predirigidos. El grito es "luces, cámara, dicción".

Para Licht, el nudo de ese experimento era escuchar realmente cómo se ensambla una película desde la realidad del espectador que siempre está hablando consigo mismo, que hace de sus ruidos y sonidos parte de la historia que audiove. Borradas en las voces que coreaban en inglés la hilera de palabras que atravesaban la pantalla estaban las inflexiones y las reflexiones que hacen de Rashomon una de las películas más reverenciadas. Nación, visión y pulsión evaporadas por la banda sonora colectiva que apuraba otra interpretación de los hechos. Japón no sonificaba su son ni su ser en la comunidad de acentos que establecía la lectura colectiva propiciada por Licht. Las vibraciones de la vida interna de ese lugar geográfico/fílmico que se exhibe en la pantalla se tachan con el velo de las voces en coro de la audiencia que, al hablar, esconde y filtra.

Pero no siempre es la audiencia la que esconde esas vibraciones. Los acentos de los actores y los subtítulos son parte de la dicción de una nación inventada para el consumo, y la intencionalidad de su uso puede crear mundos paralelos de incomprensión en busca de globalización comercial o justicia crítica. Estos prueban, sin embargo, que no se logra siempre la justicia pública ni crítica con un modelo de astucia comercial.

•••

Cuando el sonido toca la piel, no es un fantasma de luz que acaricia, es una onda que arrasa. Hoy, eso es evidente. Los dueños de las salas de cine repiten una y otra vez que las audiencias contemporáneas no quieren escuchar efectos de sonidos en las películas -quieren sentirlos. Y la manifestación de todas las secuelas interminables y de los *blockbusters* es agradar, complacer el cuerpo, hecer sentir que el sonido penetra hasta la carne.

En el cine, la imagen es solo la frontera material del sonido, la tentación de la articulación. Ese "material ghost" que nombra Gilberto Pérez es también fundamentalmente un campo de sonido, la insolidez de la "verdad" representada.[3] Montar, descifrar los acentos en el cine y llevar a la pantalla el sonido además de la pretendida imagen de una nación conlleva llegar al borde de un riesgo. Como ficción sónica que pretende un acercamiento a la realidad, y al menos una ilusión de geografía, es la banda sonora la que ensancha la accesibilidad a ese mundo que se pretende presentar. Son las voces las que destilan pertenencia. Pero no todos han entendido que, bien negociada, esa puerta al mundo muchas veces depende de la boca.

La obra maestra del director y actor puertorriqueño Efraín López Neris -en términos de difusión, de *star quality*, de ruido, interés mediático y posibilidades de reconocimiento- pudo haber sido su cinta *Life of Sin*. La película de 1979 -perdida ya en la memoria de las generaciones que nunca la han visto en televisión ni en DVD- contaba con un guión de Emilio Díaz Valcárcel y las actuaciones de José Ferrer, Raúl Juliá, Miriam Colón, Henry Darrow, Coqui González, Miguel Ángel Suárez y Burton Heyman.[4] Era un sueño fílmico del director, y el momento de concretarlo llegó en 1979:

López Neris consiguió el respaldo económico de los estudios Columbia y le compró al hijo de la fenecida y notoria dueña de un burdel los derechos para filmar su vida

En la película, el arco de imágenes lleva desde la década de 1930 hasta mitad de la década de 1960, y estabece al *Elizabeth's Dancing Club* como punto fijo de un Ponce que convocaba a políticos, profesionales, prelados y pendencieros a participar de la rítmica nocturnidad y morena sexualidad de una dormilona ciudad del sur de Puerto Rico. Es, también, una historia de amistad y amor, puesta en secuencia a través de un periodista que investiga la vida y muerte de Isabel, la famosa regenta de una casa de prostitución, el 4 de enero de 1974, y las codificaciones e hipocresías sociales y raciales, el permanente erotismo de la violencia y el abandono en medio de la fama y el poder.

Como director, López Neris registraba en sus cintas anteriores una predilección por la biografía, la fuerza del drama, los temas de acción, con una filmografía que incluía la dirección de *El corral, En la distancia, La Palomilla, Cándido,* y *El último día,* películas construidas en la dicción nacional y para consumo local. Pero en los 112 minutos de *Life of Sin,* filmada enteramente en inglés, el talento convocado no solo protagoniza la cinta, sino que tiene que competir con sus propias emanaciones sonoras. La planeada disonancia linguística de la película en gran medida sofocaba las libertades de los actores y los personajes. Y a pesar de su ambiciosa colección de nombres reconocidos, Isabel la Negra, para el cine incipiente de la isla, fue una oportunidad perdida. Fue construida con los ingredientes de su fracaso.

Sin la posibilidad de capturar simple y sensatamente ese fiero *Gross National Noise* - el sonido nacional que se desata y se difunde desde la banda sonora de una cinta- la audiencia puertorriqueña de Isabel La Negra en 1979 tendría que ver y oir a los actores transitando el terrirorio ponceño en una historia conocida y en un idioma desterritorializador - escucharla desde la lectura de los subtítulos en español, si es que estaban disponibles.

El sonido, el son, los acentos y los subtítulos desmiembran el presumido corpus homogéneo que pretendía este producto fílmico -ser cine nacional con capacidad de seducción global. La variedad de acentos del idioma inglés producidos trabajosamente por actores cuyo primer idioma es el español denota -al oído al que le es posible- una identidad falsa, una homogeneidad que nunca fue. La crítica de la revsita estadounidense *TV Guide* le impone a la cinta de López Neris un triple fracaso: *"poor sound, simple plot, confusing structure"*.[5] Esta trilogía negativa apunta también a la Babel configurada en la historia. Desacentuado, Puerto Rico sonoro no aparece en la cinta. Se despliega una historia sin el sonido del país que la genera, sin lo que, para bien o para mal, se ha designado como "localismo descifrable": *"[a] 'decipherable localism' that presents local national culture 'with the anticipation of ready decipherability by the non-local audience. The conditions for decipherability, however, are dependent upon prior knowledge and the malleability of that knowledge, and clearly not all forms of knowledge are equally translatable"*.[6]

La indescifrabilidad de los orígenes ha podido correr con éxito a distancia de ese origen evadido. Un caso reciente es el de *Crouching Tiger, Hidden Dragon* de Ang Lee. La cinta que capturó las sensibilidades de los críticos y las audiencias estadounidenses encontró sonoros fracasos en sus días de debut en Taiwan. Los asistentes a su premiere en la ciudad de Chung-ho se rebelaron ante la identidad falsa, la variedad de acentos, y la forzada homogeneidad que delataba la película. *"The poor sound quality unexpectedly crystallized to the ear the many different accents of the Mandarin spoken by the actors and actresses, breaking down the fourth wall of illusion even before the camera obscura of illusion had a chance to establish itself"*.[7] El sonido dentro de la sala de cine, salpicado con acentos disímiles, refería a varios centros geopolíticos - Taiwan, Hong Kong, China y Malasia - que nunca lograban unificar la narrativa visual. *"More crucially"*, recalca Shih, *"the accents break down the idea that the characters live in a coherent universe where relationships are inevitable, interfering with the conventions of the genre"*.[8]

Esa interferencia auditiva es producto de una autointerferencia fílmica: Por la capacidad y responsabilidad de verificación del oido, la pelicula de Ang Lee deviene falsificación aural. En los centros geográficos que aportan los acentos y desde los que emanan los sonidos que la película pretendía captar, la cinta de Lee no logró el éxito que disfrutó en otras latitudes en las que era imposible detectar su falta de coherencia sónica. En Estados Unidos, la subtitulación de la nación inexistente, el espectro letrado que evade la auralidad, pudo crear la ficción de homogeneidad que los acentos no lograban. Era una película para ser leída – como en su momento para los puertorriqueños lo fue *Life of Sin*, que carecía del ensamblaje sónico de la isla en su mayor expresión.

Hablar otro idioma, considerar otra lengua frente a una pantalla, es un ejercicio de sopesar diferencias. La subtitulación del Puerto Rico que se presenta en *Life of Sin* (o de cualquier otra geografía en cualquier otra película) extranjeriza y clausura. Para la audiencia local, ya la película era extranjera. Tendría que someterse a la lectura, al ventriloquismo cultural que imponen los subtítulos, y que el experto subtitulador Henri Béhar admite es un arte de sutilidad comercial.

> Subtitling is a form of cultural ventriloquism, and the focus must remain on the puppet, not the puppeteer. Our task as subtitlers is to create subliminal subtitles so in sync with the mood and rhythm of the movie that the audience isn't even aware it is reading. We want not to be noticed. If a subtitle is inadequate, clumsy, or distracting, it makes everyone look bad, but first and foremost the actors and the filmmakers. It can impact the film's potential career. [9]

El efecto de ese ventriloquismo cultural no transita inadvertido frente a los oídos; sí es notado y sentido, inevitablemente. *The puppets rebel*: las marionetas se rebelan. La carencia de sonidos en la lengua vernácula – y el texto escrito en ella, secuestrando la mirada – es ya una superimposición que no resulta invisible para las audiencias locales, que esperan la experiencia completa de su entorno, y no la traducción de su ser.

Ahi están sus gestos, pero en otra lengua.

En el ejercicio de no encontrar en la boca lo que se presenta linealmente en los subtítulos (no encontrar en las bocas de todos los actores el espanol que se presume saldría, enunciando las emociones de sus gestos) la audiencia revierte su deseo comunicativo. La matriz acústica deja de ser asimilada de la manera en que emana naturalmente en el cine. Y aunque la traducción letrada pretende, como alega Amresh Sinha, asimilarse instantáneamente en la onda de sonido y la visualidad de la cinta. (*"Subtitles are superimposed, but it is truly an invisible superimposition... This superimposition exists most prominently on the screen for a certain duration, but its presence is immediately assimilated and inducted into the visual and acoustic matrix".*)[10], esta sigue siendo una ejecución fronteriza, *"on the borderline between image and voice - an addition, the third dimension, to the film itself".* [11]

El borrón sónico, la tachadura impuesta por esa tercera dimensión fronteriza es quizás el mayor pecado de *Life of Sin* , y es así por el el estilo en que fue imaginada y ejecutada: transnacionalmente sonora, nacionalmente muda. En 1980, un año después de que Isabel intentara la transnacionalización, fue otra cinta, *Dios los cría* de Jacobo Morales - con una pentagonía temática hilada en español, pero también con sacerdotes, prostitutas y comerciantes como personajes principales - la que capturó para bien o mal la atedión nacional, la curiosidad internacional, y una nominación al Oscar como Mejor pelícual Extranjera. López Neris y su *Life of Sin* penaron la culpa amarga de una cuestión de idioma.

•••

El esquema de ventriloquismo cultural somete al espectáculo fílmico a tentáculos silenciadores. Ya no es solo la sugerida tendencia al silbido y al susurro, al tatareo y al tanteo; es un tono total. El mundo prefabricado de *Life of Sin* - con lengua prestada, a través de la exigencia lingüística/comercial que la cinta acepta y regula - se emparenta más con posteriores producciones y coproducciones de las décadas de 1980 en adelante, pero en su fondo y forma fue *Life of Sin* la que instaló la oralidad como momentáneo olvido, como boca cosida, como un juego accidental que otros directores han jugado más riesgosa e intencionalmente: la sutura del gesto aural.

Al suturar las bocas de los personajes hablantes de las antiguas películas encontradas que manipula, al sustraer hasta el gesto de la articulación, el director Martin Arnold logra que justo en el momento de las enunciaciones explote el silencio que en esas bocas no estaba. Donde hubo un estallido, ahora hay sutura. El juego de cancelar las voces que Arnold despliega en su instalación Deanimated fragmenta cualquier unidad deseada en el cine: *"Arnold introduces another form of erasure into Deanimated: the removal of voices from the soundtrack. ... But in order to fill the void left by the reased dialogue, Arnold digitally seals the mouths of the silenced characters, producing an uncanny suture of the orifice where sound was formally located... The words are literally swallowed by the bodies that produce them, forced back into the figures".* [12]

Con su juego silenciador, Arnold expone la tiranía benévola a la que puede someter al oído. El cine es piel para él, robo de comunicación, experimentación visualizada. Es parte de ese cine como "ojo del siglo" que Francesco Casetti avanza en sus escritos, un ojo que tramitaba y negociaba todas las necesidades de los espectadores con sus miradas, las que clasifica en pentagonía: parcial, compuesta, penetrante, excitada e inmersiva.[13] De esta forma, la piel del cuerpo del espectador se hallaría transida por las imágenes que también sirven como "la piel del cine". Y si existe una especie de piel en cada cinta, un *"film's skin"* (una piel cinematográfica que, como insiste Jennifer Barker, con su "musculatura" altera casi tactilmente los gestos y el cuerpo de los espectadores, que con sus "texturas" logra tocar y trastocar emociones), entonces también existiría un "film's tongue", una lengua material dentro de cada cinta que lograría la inmersión del oido en el cine. Al igual que el ojo táctil que resensibiliza pieles, la lengua reenfocaría el pulso del oyente.[14]

Es precisamente por eso que cerrar la boca - y clausurar la lengua que naturalmente saldría de ella - conmueve. La lengua fílmica destruída o descuidada resulta una acrobacia sin malla de seguridad. Arnold prefiere la piel sobre la lengua, la textura sobre el intertexto. Al sustraer el gesto de la articulación y coser las bocas en las cintas encontradas, Arnold simultaneamente perpetua y niega la posibilidad de que la imagen sea la regla con la que se visualiza el mundo. Las voces llegarán de algún modo, de alguna forma, interceptando la mirada. Otros directores también han realizado experimentos sensoriales al disasociar voz e imagen. En Pina, el documental homenaje a la coreógrafa Pina Bausch dirigido por Wim Wenders, los miembros de la compania de la coreógrafa ofrecen sus recuerdos y memorias de su mentora en entrevistas, pero la voz de sus recuerdos acompaña la imagen de estos con sus bocas cerradas, en un ejemplo de esquizofonía (para Murray Shaffer: *"the splitting of normal sound from its source".*)[15] Todo está ahí, disuelto, en busca de recomposición.

Las voces en el cine se disuelven en la proyección de las películas como unidades comerciales, y en el empaque de las voces se sutura más de una posibilidad expresiva. Si los directores que buscan esta doble oportunidad de ampliar la receptividad de sus proyectos entendieran los riesgos (*"an eye on the local audience and another fixed on the transnational and global audience, their films are almost inevitably doomed to suffer from a schizophrenic contradiction precisely because those gazes are irreconcilable",*[16]), enfocarían su mirada en los oídos. La ironía de la búsqueda de dobles audiencias - locales y globales - es la pérdida del gesto de articulación, la mudez de los tonos que anadirían geografía local a las cintas. Y en el marco de lo que se ha decidido llamar la industria cinematográfica puertorriqueña también esa decisión ha sido tomada en muchas ocasiones, con resultados varios.

El "localismo descifrable", la posibilidad de detección de eso que diferencia, no solamente se logra en la gestualidad. Así que la sustracción del lenguaje, de los acentos locales, y la impostación de un ritmo de dicción diferente al ritmo gestual, deja a la cinta con una brecha gestos/boca, entre movimiento y articulación. Ahí, en esa intersección donde se pretende lograr la indiscutible fórmula global se pierde la descifrabilidad del conjunto, se traiciona la oralidad. El primer experimento fílmico de disociación de pertenencia y lenguaje, de boca y cuerpo, en el cine puertorriqueño fundó, además, la dicción de una ironía: Ironía que las voces que doblaron un mundo fílmico al español, las voces de actores puertorriqueños, no le ofrecieran su español al mundo. Es cifra de la opacidad, de la sordina cultural que cose bocas hasta el olvido de sus sonidos, que se hacen ajenos.

II.

En lenguas propias las lenguas ajenas, la industria de las voces viajantes - el doblaje de material fílmico extranjero - fue en su momento la industria mimada de un país que siempre ha sido asediado por el sonido de sus vocales y la falta de sus consonantes. Esa industria boricua de la voz y los acentos vive ahora en la nostalga de una página de Facebook, "El doblaje en Puerto Rico", donde entre fotos y comentarios se valida la era de las voces puertorriqueñas como eje de una proyección perdida, quizás para siempre: el triunfo - momentáneo - de la dicción puertorriqueña.

El empresario de las comunicaciones Ángel Ramos - quien fuera dueño del periódico El Mundo , WKAQ Radio y WKAQ-Canal 2 de Puerto Rico - creó *Film and Dubbing Productions* en la década de 1950, con un equipo técnico moderno para la época, y que facilitaba el desempeño de los actores y actrices que prestaban su voz a la empresa de (des) doblarse -mantenerse anónimos en imagen pero reconocibles para el oído. Según el escritor, narrador y poeta David Ortiz, el "sistema francés" utilizado proveía para ver la imagen fílmica en la pantalla y a la vez leer en una banda ya sincronizada los diálogos correspondientes. Los actores salieron por sus voces a la conquista, doblando al español las películas y las series originalmente filmadas en inglés que se transmitirían en países latinoamericanos. Y en ese triunfo de la industria de las voces viajantes, de cine a televisión, de "Superman" a "Bonanza", de "Hamlet" a "Lassie" , se corroboró la posibilidad de entonces añadir la imagen. En una suerte de historia en reversa, ya con los equipos y las voces entrenadas, lo que le faltaría a cualquier intento de cine puertorriqueño sería los cuerpos. Más tarde, en la década de 1980, las voces puertorriqueñas también viajaban en primera clase - en la isla se hacían los doblajes para las películas de la empresa Eastern Airlines, y desde la relativa anonimidad de un local enclavado en Hato Rey, actores y actrices como Horacio Olivo, José Antonio Ayala, Luis Antonio Rivera, Walter Mercado, Vicente Vázquez, Pepe H. Rodríguez, Orlando Rodríguez, Santos Nazario, Víctor Arrillaga, Fernando Robles, José de San Antón, Raúl Carbonell, Axel Anderson, Manuel Pérez Durán, Esperanza Martínez y Nilda Martínez recorrían a 30 mil pies de distancia la imaginación de los pasajeros. Era cine avisual.

La post-vida de esas voces en la nominativa ironía de Facebook con el homenaje (mudo) de la página "El doblaje en Puerto Rico" establece una relación física con una realidad sonora y sirve de puente con lo que fue una de las industrias con más arraigo, y de la que se exige memorias. En las décadas de 1950 y 1980, la isla le ponía la voz al cine estadounidense para consumo latinoamericano. Las voces recorrieron instaladas en la funcionalidad del anonimato. La voz se hizo industria – también a contrapelo de las artes plásticas y el cine, que fueron cogenerados como los portaestandartes de la temprana "ilusión óptica" de nación que se presumía más vendible y exportable. La realidad sónica se difuminaba por el mundo mientras que la imagen de la Isla en el entramado mundial aún estaba en pleno desarrollo. 17

Pero la efectividad (y la costoefectividad) de las voces puertorriqueñas en el cine y la televisión pusieron fin al viaje de esas voces, y los intentos posteriores para lograr resucitar la empresa han fracasado. La cadena de televisión pública estadounidense PBS rechazó la propuesta de la Corporación de Puerto Rico para la Difusión Pública para que se realizara en Puerto Rico el doblaje de sus programas educativos y culturales. Public Broadcasting System prefirió a México – con su énfasis en acentos "neutrales" y su capacidad de volumen – en 2011 para doblar sus programas al español. 18

En un comunicado de prensa del 16 de febrero de 2011, la Oficina Central de Comunicación y Prensa del Senado de Puerto Rico informó que la Corporación deseaba restablecer una casa de doblaje como la que instituyó Ramos. El P.S. 1797, enmienda a la ley Núm. 23 de 2000, se proponía para no limitar los fondos que recibía la Corporación a la producción de telenovelas, miniseries y unitarios.

Rafael Batista, vicepresidente de la Corporación, en vista pública de la Comisión de Desarrollo Económico y Planificación, insistía que había que rescatar las voces de su mudez. El proyecto, según lo narraba, proponía "establecer una casa de doblaje que desapareció en Puerto Rico y que es un taller muy rico. En México y España hacen doblajes, pero no tienen un espanol neutro, como el de nuestro País, que se puede utilizar la misma palabra como en cualquier parte latina".[19] La explicación y narración del proyecto atentaba contra su existencia. El oficial del Gobierno no podía explicar coherentemente en español los alcances de su propuesta, y aun así pretendía que autorizara el doblaje de otros idiomas a un inexistente "español neutro puertorriqueño".

Ni subtitulación, ni doblez, ni el supremo encanto del acento puertorriqueño parecen estar involucrados en la "imagen" que se proyecta ahora de la Isla. Ni dobladores, ni doblaje, un doblez lingüístico. Al parecer, poner el sonido en las bocas - de propios y extranjeros - no ha sido una acción representable. El cuerpo entonces se somete a su bosquejo: es una sombra que vibra y hace ruido.

•••

Fue *AquaMan* el que vio en Paco una vibración redentora. Así comienza la historia de un superhéroe puertorriqueño que en el mundo de la animación vio su cuerpo animado y su voz silenciada. Los campos de vibraciones, los cuerpos sin palabras, han perseguido la representación de los puertorriqueños en algunos géneros fílmicos. En los "muñequitos" mañaneros de los fines de semana, las series de acción que se desprenden de los cómics estadounidenses, el dibujo de un cuerpo identificado como "puertorriqueño" se succiona en movimientos y se utiliza como letalidad de carne y boca, a veces privilegiando y otras esquivando los acentos y la oralidad desbordante que se le adscribe.

Dos personajes de herencia puertorriqueña, los hermanos Paco y Armando, con los nombres heroicos de Vibe y Reverb   (vibración y reverberación), formaron parte de la serie *Justice League Unlimited*. El personaje de Vibe nunca pronunció una palabra en su paso por en la serie animada del *Justice League Unlimited* , aunque en los cómics impresos Paco - un ex miembro de una ganga de Detroit llamada Los Lobos reclutado por Aqua-Man - se destacaba por sus salidas verbales y por pronunciar en inglés, en el papel, en un acento muy puertorriqueño.

Era un cuerpo dibujado como vibraciones y ruidos, trazado para ser ídolo de una imaginación que, como ha analizado Adriana Cavarero, devocaliza el logos, borra la voz que autoriza el pensamiento y que dibuja y aclara identidades.[20] El talento principal del superhéroe puertorriqueño del *Justice League* era su voracidad sonora. Pero estas vibraciones y reverberaciones, que se convertían en espectáculos visuales, omitían el proceso de pensamiento hecho palabra.

En su paso como miembro de Paco era un break dancer, constatando el cuerpo movible como pulsión latina y, en su posibilidad como cuerpo de batalla, arma mortal para desarmar a los enemigos, sin que una palabra suya bastara para explicarse. Bastaba su "habilidad metahumana" para emitir ondas vibratorias. Vibraba, de nuevo, y eso era todo. Las vibraciones que el dibujo transmitía comunicaban la mudez impostada, el robo de la voz - un cuerpo que se destacaba en la batalla, ayudando en misiones de salvamento, en reuniones en el centro de satélites de la Liga. Su hermano Armando - quien entra a formar parte de la serie luego de la muerte de Paco en la serie a manos de un androide - poseía el mismo poder vibracional de su hermano. Los lectores de los comics se limitarían a buscar el porcentaje de puertorriqueñidad de los personajes aún cuando las voces y los idiomas ya se habían abandonado, o nunca fueron pronunciados por esas bocas. Los cuerpos aqui dibujados sustituyen la interpelación comunicativa. Vibraban en ruidos, pero sus voces pronunciadas serían interferencia. Siguen siendo el flow predicho, previsto, reconocido y postulado por los otros.

Ni siquiera en las tirillas en las que el cuerpo material no existe, y son solo trazos los que delinean identidades, se materializa el sonido como fuerza primaria de esa presencia. Pero el silencio de los hermanos héroes boricuas contrasta con la oralidad y hasta sensualidad que se les legó a otros más conocidos personajes animados que volaban por las mañanas infantiles. El veloz y burlón Speedy González no era un superhéroe. Con el exceso de sexo, velocidad y oralidad que le otorgó Warner Brothers, la caricatura del rápido y controvertible ratón mexicano que acompanaba su verbus interruptus con la velocidad de un coitus interruptus, estaba sumida en la más abyecta realidad. Era un reproductor de clichés y de las miradas que se le daba al otro en los estudios de animación de la época. "Mired in sullied refuse, intoxicated, and loud when not silently engaging in various petty larcenies".[21] William Anthony Nereccio decribe a Speedy como un arma letal que pretendía apagar y silenciar, mientras ofendía, a toda una cultura. Su velocidad, que cargaba en su nombre como adjetivo, era una aventura que revelaba más del ojo revelador que del grupo étnico representado. En su vida de espectro veloz, de rapidez trazada en fuga, sus aventuras mananeras transmitían kodos de ser de ese otro que se desechaba. Y, con Foucault, Nereccio traza los dobleces de toda representación que anima sin voz y que dibuja sin sentido: *"A culture forges, sustains and transmits itself in an adventure with a double face: sometimes brutality, sometimes struggle, turmoil; sometimes mediation, nonviolence, silence. Whatever form the adventure may take - the most surprising is not always the noisiest, but the noisiest is not irremediably the most superficial - it is useless to ignore it, and still more useless to sequestrate it."* [22]

Una aventura con una doble cara, suturada, clausurada. Desde la vida de pecados de Isabel la Negra en inglés y las voces que se quedaron adornando películas en el aire hasta la mudez vibratoria de Paco y Reverb, se plantean voces, acentos, gestos verbales como manifestaciones que se anulan desde afuera, que se vetan o se esconden, retando su capacidad de generar sonoridades, de estallar en el ruido en el que han sido fundados.

5.

ENCANTAMIENTOS: BEING OTHERWISE

A refrain is the movement by which the qualities of a specific territory or habitat resonate and return to form it as a delimited space, a space contained or bounded but notheless always open to the chaos from which it draws its force.

- Elizabeth Grosz

Whenever you hear music, you are dealing with a unified field of culture. Whether it's bass frequencies, drums, samples... the body itself is immersed in a field of sound.

- Paul D. Miller, aka DJ Spooky

El sonido es lo que empezó todo. El oído y el corazón son los dos primeros órganos que nacen.

- Papo Colo, artista plástico

I.Musidemocracias

El campo unificado y unificador de sonido no está en discusión. Lo que siempre está contemplado de lejos y con distancia temerosa es su localización justa en la jerarquía sensorial de sensaciones y percepciones. Toda la turbulencia de su vida interior colectiva que exhibe impunemente (desde el reggaetón, la salsa, los acentos, los estribillos hasta la insaciabilidad sónica propuesta por la religión y sus rezos) y que a la vez trata de esconder, subtitulando, escamoteando las funciones sonoras y rítmicas de su ser colectivo.

La retórica sonora del civismo siempre va en busca de una tibia y homogénea ciudadanía, que a través de los decibeles provoca una calentura aural. En ese campo de sonido aceptable de lo político/sonoro se inserta la ficción idealizada de la armonía nacional. El son cívico contemporáneo se instala en el rango del sonic fiction, la ficción sónica que regresa como fantasma ideológico: el sonido - son - como proyecto instantáneo para combatir algún mal, alguna definida falta, algún desliz social. El sonido bruto nacional se organiza desde el ruido bruto nacional, desde la turbulencia insistente que marca los espacios que todavía nadie ha organizado, cartografiado y decodificado como significantes.

Y desde ahí, desde ese territorio turbulento, el sonido circunscribe. Para Martin Munro, *"the control of sounds voices and languages has long been associated with defining and circumscribing identity... In Caribbean history, noise (of carnivals, revolts, dancehalls, protests) has been and remains a potent form of social energy with the capacity to 'approximate, reconfigure or transgress boundaries' and to convert space into territory"*. [1]

La música ocupa espacio - lo ocupa, lo define, y lo atraviesa - vectorando y adjudicándole propiedades a ese territorio. Elizabeth Grosz en, Chaos, Territory, Art adelanta la materialidad emotiva de la música al reposicionar el terreno dentro de las coordenadas de una posible geografía auditiva - una reurbanización del caos. En esa fuerza devoradora que potencia peligros, la vida es un refrán, enmarcado en movimiento. La música es entonces la fuga de una definición.

Los componentes del refrán, su materialidad sónica definida, componen en sí un arma que puede llegar a suplantar la necesidad de una totalidad sónica - *"a small capture of melodic and rhythmic fragments that, while they are not the raw materials of music, are the content of music and are what music must deterritorialize in order to appear"*.[2] Aparecer, entonces, es lo que un refrán consigue - aparecer y permanecer. Para Deleuze y Guattari, el refrán de una composición se distingue por su doméstico encantamiento (*"a home, a yard, and a way out, which nevertheless vary in their incantatory force, in their combination, in their emphasis"*.) [3] Es lo que se queda de lo que se escapa; es el radical libre que le otorga la "cualidad expresiva" a lo que ha sonado y ya se ha esfumado. *"The refrain wards off chaos by creating a rhythm, tempo, melody that taps chaos by structuring it through the constitution of a territory and a mode of occupation of that territory, a musical frame."* [4]

Pero, además de esa repetición refranera que se persigue para habituar a los participantes a su casa, está el reverso, el escape, la errancia que propone la música en su todo: *"Music is a line of flight from the home that the refrain constructs."*[5] Así que la dualidad territorial está inscrita en ese juego: el marco musical contiene el refrán, pero la música es el borde de escape, la línea de fuega de esa casa del hábito memorioso que se construye con la repetición. Y tanto el hábito como la fuga son instancias unificadoras.

•••

Hay una estrategia de sonificación escondida, bajo la superficie, pero siempre presente allá abajo, en el el "terreno del sonido": en el tierno rigor bestial que la salsa imprime al saborear los ritmos de los cuerpos antes de que estos se muevan, en la grave inmanencia de los músicos callejeros, en la impresión de los reggaetoneros en las capitales lejanas, en la sugerente rimbombancia de su performance. Juan Carlos Quintero-Herencia en La máquina de la salsa: Tránsitos del sabor saborea la geografía melódica salsera que la hace poro puro: "Puerto Rico es una fruncida superficie montañosa, una suerte de esponja levantada - la montaña - que de estirarse aumentaría nuestra extensión pero se desbordaría de un solo golpe, finalizando su metedura entre los fluidos despilfarrada".[6] Depilfarrada, entonces, no sería posible que se contuviera en placas urbanas o fronteras. Es el toque que circula: "En la ciudad, sobre la esponja, conviven la porosidad del ritual ancestral y la porosidad de la urbanidad, el convite y la industrialización, el toque a la deidad y el consumo. Las circulaciones compitiendo por desmembrarlo todo".[7]

Si el sabor es porosidad que, inexcluyente, succiona y delibera, el son de ese sabor es la penetración posble hacia y desde todos los lugares. La ceremonia de la salsa es colectivamente interrumpida por la animalidad jugosa que la esponja recibe y que vierte en el mundo - sabor y ruido, ruido puro, alboroto, a veces agónico, que llega a tensar músculos y, como expone Darieck Scott, a exhibir el agonismo del cuerpo y la tensión y distensión muscular como ofrendas de percepción en las que el cuerpo es franja y pentagrama carnal, torsión de su opacidad, ton y son, registro sonocéntrico.[8]

La franja del Caribe no solo se extiende en regiones porosas y sonantes, sino que sus partes también compiten por el título de eminente ruidosidad: qué región se desmiembra en sonido con mayor eficacia y supremo fervor. En La fiesta del chivo, Mario Vargas Llosa insiste que "algo en los dominicanos se aferra a esa forma prerracional, mágica: Ese apetito por el ruido. (Por el ruido. No por la música)". [9] La demarcación transcaribena del ruido como elemento apetecido y renombrado circula con frecuencia, pero esa fórmula apetitaria no siempre cumple con expectativas deliciosas. La Habana, dice Alejo Carpentier, va más allá. Hay que hurgar para silenciarla: "Casablanca es el único lugar de La Habana en que aún puede hallarse una calma desterrada de la ciudad más ruidosa del mundo". [10] Luis Rafael Sánchez sonoriza sobre la Isla de Puerto Rico en sus novelas y ensayos, en los que el supremo haber es la garganta palabrera, vocalizante. "Si las palabras son instrumentos musicales, de los que igual se extraen el sonido plácido y el ruido enfurecido, entonces los puertorriqueños integramos la orquesta de los virtuosos supremos. Si una infinidad de colores aprovecha de envoltorio a las palabras, entonces el olimpismo de la pintura oral queda incompleto sin nosotros". [11]

De palabras a ruido, el oido se incendia y las inevitables consecuencias de su existencia llevan a traicionar al ruido, a relegarlo a la categoría de contaminación. "Alarmante el ruido en Puerto Rico", era la portada de Primera Hora, el ruidoso Día de Halloween de 2005, en uno de esos análisis cíclicos que sopesan la consensuada inaceptabilidad de lo que se denomina aberrante. La preocupación salubrista que rezuma en algunos escritos recientes también se concentra en la presunta victimización del oyente.

Manuel Valdés Pizzini, en la revista de crítica y análisis 80 grados, incluye a los ruidos en la caldera de algún imaginado infierno.

> A ciertos vacilones hay que entregarse, y la música hay que escucharla duro en ocasiones; ya sea: Wagner, El Gran Combo de Puerto Rico, o Sabina. Pero nuestro entorno se vuelve cada día en un infierno sonoro que preocupa a nuestros especialistas en salud pública. En la calle, en nuestras casas, en nuestros autos, somos víctimas de un ruido pernicioso. En los lugares públicos también [12].

La "contaminación sonora" es expurgada como una peste sensorial, un reto que hay que vencer, pero la música, decibeles más o menos, avanza. Y en la escala de seducciones fracasadas, también esa musicalizada oralidad, esa voz colectiva de los momentos de desamor o de rabia, contamina con pena a algunos y les propone un registro sensorial de lo que hace, piensa y siente el puertorriqueño con su ruido. Hunter Thompson puso en la garganta de Paul Kemp, el protagonsta de The Rum Diary, esta declaración que propone el ruido y el canto puertorriqueños como una función de humana inutilidad, como una patología cultural: hombres y mujeres que "hacían mucho ruido; cantaban y gritaban al son de las canciones de la máquina" y que además "parecían cansados y deprimidos". El párrafo final de la novela atrapa a la isla con los sonidos del movimiento, la vida, la esperanza, las voces, el desencanto, los relojes, el tiempo solitario: *"Voices rose and fell in the house next door and the raucous sound of a jukebox came from a bar down he street. Sounds of a San Juan night, drifting across the city through layers of humid air; sounds of life and movement, people giving up, the sound of hope and the sound of hanging on, and behind them all, the quiet, deadly ticking of a thousand hungry clocks, the lonely sound of time passing in the long Caribbean night."* [13]

Los planteamientos de Thompson y de Luis Rafael Sánchez son los extremos, los dos polos de un mismo resonar, calibrados por la percepción, el resultado de la inmersión de la Isla en el sonido, en sus sonidos, la forma en que se espesa y se expresa la pena. De nuevo, el desafío ruidoso que promete y cumple la isla está inscrito en lo que Nechtaval llama "el éxtasis de exteriorizar", la inmersión en el sonido, la suprema movilización del sentido escogido para significar(se).

> El goce de ser voz (Lacan) pulsa en su evocación, la pulsión invocante que Lacan opone al deseo. Es que no se desea esa imagen. El deseo ese no existe. La res gozante se delata. Desatada de cualquier intento de comunicar una imagen, va el ruido y va el grito, va la compulsión de in-decirse de tantas maneras. [14]

•••

Nancy Love en *Musical Democracy* analiza las metáforas musicales que despliegan lo que denomina textos críticos de la democracia. La existencia de una democracia musical exige, insiste Love, una inmersión compartida que cree unidades sociales, similar a lo que Jacques Attali decreta en *Noise: "Without noise, no State would exist".*[15] Por su parte, Tamar Liebes ha detallado las secuencias del "espacio acústico" de la radio en la construcción de Israel, la existencia colectiva que éste ha posibilitado (*"Acoustic Space: The Role of Radio in Israeli Collective History"*), y la cotidianidad que establece parámetros para las memorias y los comportamientos: el establecimiento de una ciudadanía musical. [16] En su estudio sobre la construcción musical de los ciudadanos franceses en la república y el establecimiento de ciudadanías musicales, Jann Pasler postula que el ciudadano sin música existe en estado de descomposición, en espera de un orden que le refiera el mapa de su comportamiento, la lista de gestos verbales que pueda someterse a escrutinio, y a aprobarlo. La misión de Pasler es *"set out an hermeneutics of French Republican culture, in all its complexity and contradiction, with music at its center".* [17]

El centro, sin música, no se resiste al desorden. El orden es lo que a la vez se impulsa y se impide. La utilización de la música popular en anuncios televisivos constata la relación siempre implícita del sonido y la clase y del sonido y la raza. En estos casos, las estructuras formales de los vídeos de servicio público pretenden ser arriesgadas, *cutting edge*, pero implícitamente se comportan como *morality* tales que negocian y devuelven una suerte de pureza predicadora a reggaetoneros o exponentes de música urbana.

El intento del gobierno y las organizaciones cívicas de Puerto Rico de articular la musica como pureza, la musica como salud, la música como puerta hacia el bienestar, no ha discriminado entre géneros musicales.

Todo género se ha articulado como un mensaje educativo posibles. En "En las drogas no hay son", un conocido servicio público televisivo de la Alianza para un Puerto Rico Sin Drogas, el son, la salsa, es representada por Víctor Manuelle, todavía encasillado como el "Sonero de la Juventud", que llega a "poner el orden" en el ruido que sale de los instrumentos caseros de los jóvenes pobres y aparentemente susceptibles a las interferencias sociales que tocan en un espacio público. El son sirve entonces como interferencia de la interferencia, la materia prima de la represión, o de la restricción hacia el orden deseado. El son, la clave, el beat, ahora higiénico, cancela la posibilidad de caos. De nuevo, la construcción de la música como orden social, como trama anticriminal: la reestructuración musical del comportamiento

También el post-son de la música sirve como consuelo y advertencia. En un videoclip también presentado como anuncio de servicio público, El MC Welmo (en otro anuncio de servicio público para la Alianza Contra las Drogas), se presenta cantando en una cárcel (el Oso Blanco) y acompañado de un prisionero -que ostensiblemente antes de ser encarcelado nunca se enteró que en las drogas no estaba el son. En el vídeo se recurre esta vez al rap escrito por un confinado que también canta en el video, se proyecta el reemplazo del hacinamiento y el ruido con la soledad y el hip hop que es promesa y pegamento sónico. Otras producciones músicales de servicio público ("Bully" de Divino, y "No, no, no" de Tito El Bambino) también se han contruido en la primera década del siglo como sazones de encantamiento hacia una didactez sonora de prohibición – la música como autoayuda y autocancelación en un mismo refrán.

Los ruidos y sonidos que forman la caja pentagramal de una nación en los himnos - los dos himnos de Puerto Rico, el oficial y el revolucionario, escrito por Lola Rodríguez de Tió - y otras canciones que se han convertido en himnos extraoficiales (Verde Luz, de Antonio Cabán Vale, por ejemplo) postulan el sonido perenne de una identificación. En los dos himnos, se evidencia la oposición ruido/calma. Del primero, el himno oficial, destacan solo dos sonidos - los placidos arrullos de las olas y el triple "oh" de Cristobal Colón; en el "revolucionario" de Lola Rodríguez de Tió hay escándalo, simpatía por las sonoridades. Entonces, ¿es la revolucion una evolución de ruidos, una fiesta de sonidos? Las menciones de sonidos y ruidos en numerosos himnos nacionales convocan a un perpetuo estado de actividad atemporal, porque asumen el pasdo en el presente hacia el futuro: son tecnologías de la futuridad ansiosa. En ese resgistro atemporal, se narran las bombas explotando en el aire, los disparos, las hazanas que en el ruido compusieron lo que sería ahora música "nacional". En el himno compuesto por Rodríguez de Tió también hay sordera, y la sordera en el texto llega despues de una sola mención de ruido, de alboroto revolucionario, de son "indisciplinado": Ven, nos será simpático / el ruido del cañón. Por su parte, el himno oficial regula y disciplina el ruido para que la descripción del paraíso concuerde con su presumida serenidad y docilidad. Pero los himnos extraoficiales también se decantan por la simple brisa, la naturaleza melódica, el harmonium de sus postulados. En otra canción que se utiliza como evocación al territorio desde el cual la música brota - la "Verde luz" de

Cabán Vale - la letra socava y silencia la sinfonía de ruidos que presenta la isla como hermosura silente, al acallarla para encantar a otros. Sus versos retoman la idealización del himno oficial de Puerto Rico (las playas y las palmas "silenciosas", "brumorosas", la "tibia arena", dormir en las riberas, son como habotar en ese "jardín florido de mágico esplendor" del himno). Y aunque la soledad de la estrella al final del tema constata y propulsa una ideología, el territorio desde el cual de fraguaría ese futuro está tan teñido de docilidad que su encantamiento es tenue y solo roza la isla como caricia o murmullo, apetecible para cualquier turista. Todo en una canción, en su cantar, en su en-cantar, en su entorno de encantamiento que convoca: *"to surround with song or incantation; hence, to cast a spell with sounds, to make fall under the sway of a magical refrain, to carry away on a sonorous stream".* [18]

II. Reingenierías

"Music seems to have a much stronger territorializing force, at once more intense and much more collective, and the voice seems to have a much greater power of deterritorialization [than art or the face, which it deterritorializes]. Perhaps this trait explains the collective fascination exerted by music, and even the potentiality of the 'fascist' danger...: music (drums, trumpets) draws people and armies into a race that can go all the way to the abyss (much more than banners and flags, which are paintings, means of classification and rallying).....
It maybe that musicians are individually more reactionary than painters, more religious, less 'social': they nevertheless wield a collective force infinitely greater than painting."
[Deleuze y Guattari 1987:302]

"Una canción puede ayudar a cambiar un país". Es clara la ingeniería sociomusical implicada en la oración que los publicistas de un banco utilizaron para hacer que unos poderosos motores culturales - El Gran Combo de Puerto Rico, "la Universidad de la Salsa" - se convirtieran en controvertibles generadores económicos en el verano de 2011. El venerado conjunto salsero accedió a grabar una version de uno de sus su éxitos icónicos, "No hago más ná", para satisfacer los deseos del Banco Popular de Puerto Rico en un crítico momento en la economia del país. La letra original, una parodia/crítica a la haraganería ("Yo me levanto por la mañana/ Me doy un bano y me perfumo / Me como un buen desayuno / y no hago más ná, más ná"), obligaba, según el banco y el Combo, a un opuesto ("Yo me levanto por la mañana / Salgo de casa bien elegante / listo pa' echar pa'lante / nunca pa'trás, pa'trás") - un himno a la productividad feliz y acrítica: al movimiento y a un trabajo que ponga dinero en las arcas del banco, dinero para las hipotecas y los préstamos inpagados que lograron aumentar la tasa de quiebras en la Isla. La suposición del trueque - del ná al pa'lante - resultaba clara: que la canción original describía fielmente a los puertorriqueños, y que la nueva versión prescribía actitudes y comportamientos que terminarían por reformar un país económicamente deprimido. De cierta forma, los músicos y cantantes de El Gran Combo cedieron al reclutamiento del sonido por la política económica: música armada con el expreso propósito de efectuar cambios en el Producto Nacional Bruto. Con un *blitzkrieg* publicitario de meses, cientos de miles de dólares invertidos en anuncios de prensa a página completa, un agresivo plan de mensajes en Internet, y la absoluta anuencia de los medios de comunicacion que mantuvieron silencio aunque conocían los pormenores de la camapaña de antemano, la Universidad de la Salsa perdió su acreditación con la venta de una tajada de su historia musical.

La presumida certeza que la música prefabricada del anuncio sugeriría nuevos campos de acción en la economía deprimida obviaba las sutiles pero arraigadas ataduras emocionales a una canción que ni predecía ni pronosticaba actitudes, pero que al escogerse para el experimento de reingeniería de comportamiento señalaba una mancha en el pasado, un error musical involuntario. También sugería que la canción, en su versión original, había sido un bochornoso pecado original, aunque se mantviera muy cercana al alma de un pueblo (que no a su comportamiento).[19] La misión explícita de la empresa bancaria-musical era componer, en este caso recomponer, al ciudadano puertorriqueño en ecuación inversa: proponer un reversazo a una postura , reinventar y certificar primero un ser "vago" para desinventarlo con música, enseñarlo a ser de otro modo, ser de otra forma a la que se pensaba que se era, un "being otherwise" fundado en una interpretación literal de una letra que le oferce un universo de comportamiento, una fuerza posible, desconocida y resonante que se encuentra escondida en el cuerpo.

Sensation fills the living body with the resonance of (part of) the universe itself, a vibratory wave that opens up the body to these unrepresented and unknowable forces, the forces of becoming other. The body does not contain these forces but rather is touches by them and opened up to some of the possibilities of being–otherwise, which the universe contains through them. [20]

Convencidos de la efectividad que tendría esta específica audioeuforia, la secuencia de comportamientos que llegaría a un objetivo: la diversión. El premio para los que se preocuparan en votar por la canción, hacerla llegar a 100,000 fanáticos y convertirla en "la canción mas escuchada" sería un concierto gratutito en Hato Rey, capital económica de Puerto Rico. El perfecto círculo de publicidad ahogaba los reclamos de acto . La negatividad de la reacción a los esfuerzos de lavar la música con otra letra nunca fue prevista por los gestores, pues el sentido de pertenencia de la canción original – es, de todas formas, la versión del "pueblo" – vencía las pretensiones institucionales de la nueva versión.

El regalo del banco al "pueblo" que "echa pa'lante" y al menos escuchaba la canción en las redes sociales, se materializó en un concierto celebrado en enero 28 de 2012. Pero el estribillo de la canción nunca cambia. En la versión del nada hacer y en la versión de p'alante seguir, el mismo estribillo pulsa, sin que se altere. Los oyentes pueden imaginar la versión que quieran. La canción, cuando los impulsa a cantar, los lleva al mismo punto de oralidad descarnada, al mismo estribillo en las dos versiones: "A la la / a la la /a la la lara la lara": un alucinante encuentro con una otredad misma. Y se involucraba nuevamente a la salsa, se le exprimía política y económicamente, en las costas tocadas por el sonido. En un día de fiesta pueblerina - el premio obtenido por escuchar y quizás cantar - sonaba la nueva versión mientras se sentía la original, como palimpsesto ardente, mientras los miles de participantes de la fiesta se divertían, y no hacían más na'.

Pero la nada es diferente para los que no tienen que hacer más de lo que ya hicieron. Paralelamente, el banco utilizaba otros ritmos para otras audiencias, de formas quizás más sutiles y menos comentadas. No todo era salsa reconstruida para el pueblo cortesía del Banco Popular. En El Nuevo Día, un anuncio de Popular Securities promulgaba otro tipo de música más relacionada a la sofisticación del que tiene, del que no tiene que echar pa' lante sino que atesora su fortuna ya acumulada: no es la salsa, es el jazz el ingrediente de la separación social del Popular tras la reingeniería social del pueblo que nada hacía. 21 En el anuncio, una imagen de un conjunto nombrado The Jazz Quartet, con cuatro integrantes (Asesoría, Inversiones, Banca, Seguros) que serían música para los oídos de la clientela elite que ya estaba "alante" y nunca tuvo que cambiar la letra de la salsa porque el banco - en su división de asesoría financiera para los adinerados - le adscribía otro gusto musical a los ciudadanos que habían "adelantado". Buscaban más clientes con capital y en necesidad de saber dónde ponían el dinero que ya tenían en sus arcas, para continar la bonanza.

El resultado de la campaña salsera del Banco Popular fue bonanza de prestigio para la agencia publicitaria, JWT Puerto Rico. El anuncio fue coronado en el Festival Internacional de la Creatividad de Cannnes con el Grand Prix, el premio máximo al que podía optar. La explicación de la campaña en el comunicado de prensa que celebraba el triunfo reiteraba la haraganería boricua, el estado de inacción al que la campaña alegaba responder. Dramatizaba la "necesidad" de acción con el título escogido: *"Get off your* culos!"

> In order to combat the large percentage of Puerto Rican residents on public assistance (60%, according to JWT's case study), Banco Popular wanted to inspire people to get off their culos [butt in Spanish] so they enlisted legendary salsa outfit, El Gran Combo, to change the lyrics of one of their famous songs, "No Hago Más Na," an ode to laziness whose title translates to "I Do Nothing." The new version, which extols a hard day's work, was broadcast during a media roadblock and it quickly soared up the charts, becoming the most popular tune in Puerto Rico.[22]

Y, después de Cannes, para no perder el moméntum y la oportunidad de congraciarse con los que quieren "echar pa'lante", la compañía de publicidad convirtió un error protocolar en un grito transconstinental a través de otro anuncio publicitario de página completa. Sus ejecutivos, aparentemente emocionados ante el empuje que la agencia recibía al ganar el Grand Prix, cometían un *faux pas* visual imperdonable por muchos: desplegar incorrectamente la bandera de Puerto Rico. Para subsanar el error, y como disculpa y excusa para apuntalar su campaña, el anuncio reproducía la bandera al revés, y en un escueto párrafo al centro de la página la agencia publicitaria no resistió la tentación de volver a colocar la oralidad al centro de su estrategia y recurrir al grito donde nunca estuvo:

> Le fallamos a la Isla en el momento más importante. Luego, unas horas más tarde, vino a nosotros un posible significado de lo que había pasado. ¿Y si fue que Puerto Rico nos estaba hablando? ¿Qué tal si el país se había apoderado de ese momento y quería gritarnos lo que nos cuesta trabajo acabar de entender? Hemos puesto a nuestro país de cabeza, patas pa'arriba como decimos nosotros. El país está al revés y nos corresponde, a cada uno de nosotros, enderezarlo.[23]

Un grito inexistente, la fantasía de una expresión oral colectiva, como centro de un texto publicitario. El encantamiento invoca "el país que está al revés", su culo posado e inamovible, la falta de entendimiento de sus habitantes, para seguir a la canción y al ruido y a la boca que no cierra, a la garganta colectiva imaginada de salsa y al orgullo que se exprimen para obtener, ante todo, valor comercial. El son, el ritmo, esa salsa que líquidamente entra por los oídos, son símbolos del reverso de la realidad, y en su tránsito invisible recorren las fibras de alguna posible recreación. En su discusión del ritmo y sus consecuencias, Michael Golston recurre a W.B. Yeats y sus postulados sobre el momento en que se escucha. Al escuchar, escribe

Yeats, la mente es liberada de su voluntad para entonces perseguir la simbología que los ritmos traen, en prolongado encantamiento.

> The purpose of rhythm, it has always seemed to me, is to prolong the moment of contemplation, the moment in which we are both asleep and awake, which is the one moment of creation, by hushing us with an alluring monotony, while holding us waking by variety, to keep us in that state of perhaps real trance, in which the mind liberated from the will is unfolded in symbols. If certain sensitive persons listen periodically to the ticking of a watch, or gaze persistently on the monotonous flashing of a light, they fall into the hypnotic trance; and rhythm is but the ticking of a watch made softer, that one must need listen, and various, that one may not be swept away beyond memory or grow weary of listening; while the patterns of the artist are but the monotonous flash woven to take the eyes in a subtler enchantment.[24]

Los símbolos se perpetúan en un trance de múltiples cadencias, en "una poética de la hipnosis cultural"[25] que alimenta variaciones y reconstrucciones Esa nueva estructura de sensibilidad que se persiguó en la campaña populista del Banco Popular maquinaba los elementos del trance auditivo, del encantamiento insutil, en una cadena de comportamientos: escuchar, salsear, divertir, consumir, exprimir, encantar, entrampar.

En medio de esa hipnosis intentada, ¿hay algún derecho que retienen los oyentes para lo que entra por sus oídos, habrá alguna forma de defenderse de la música que pretende cambiar sus signficantes además de su sensibilidad? Nancy escribe sobre las traiciones que se cuelan en las secuencias históricas a las que se expone a la música, refractando de cierta forma su "índice", empujándola al lado de la significación y subvirtiendo lo que provova. *"What truly betrays music and diverts or perverts the movement of its modern history is the extent to which it is indexed to a mode of signification and not to a mode of sensibility. Or the extent to which a signification overlays and captures a sensibility".*[26] También una nueva versión musical, según Peter Szendy, permite reconsiderar no solo cuál pudiera ser la responsabilidad que tiene el escucha ante la composición, sino también cuáles son sus derechos, si tiene derechos de escucha, al igual que los derechos que las compañías disqueras y las asociaciones de escritores le brindan a los compositores. Al centro de un encantamiento que procura una "hipnosis cultural", siempre se encuentra otra seceuncia de interrogantes: qué representa una segunda versión de una canción para el escucha y cómo es recibida, y cuál es el lugar del escucha frente a la música, que se transmuta y oscila entre el valor que se le ha adscrito y la traición a ese valor.[27]

II. CARAVANAS

En otra costa se constató el valor – y la traición – de la salsa que se exprime políticamente. Willie Colón contestaba el télefono en septiembre de 2005 cantando en las oficinas de campaña de Michael Bloomberg en Nueva York. No estaba allí, pero estaba siempre presente. El icónico salsero grabó el mensaje musical que se escuchaba mientras se esperaba por la contestación de la llamada, y la salsa en el oído sazonaba en español y seducía a quien fuera. Después de diez segundos, cualquier puertorriqueño olvidaba que estaba llamando a la oficina del alcalde que se encontraba ese año en una batalla contra el puertorriqueño Fernando Ferrer por la dirección de la Ciudad Más Importante del Mundo.

La salsa de Colón puesta al servicio de la política niuyorquina llevaba a una pregunta: ¿Llegará el día en que un puertorriqueño logre regentar la ciudad de Nueva York? Porqué en Hartford, Connecticut sí se pudo y en Nueva York no, es una pregunta que se hacen políticos y analistas por igual. Antonio Villaraigosa logró en 2005 consolidar a sus constituyentes mexicanos en Los Angeles y celebrar la victoria con su lema Seré el alcalde de todos. Pero en Nueva York las encuestas más optimistas en esa temporada de campaña de 2005 indicaban que la ventaja de Bloomberg era de 14 puntos porcentuales sobre Ferrer, y que solo 57 por ciento de los "hispanos" votaría por el puertorriqueño. Y aunque Ferrer intentó una campana de inclusión (Make New York work for everyone fue su lema de batalla), el salsero Colón no era parte de ese everyone. Desde el 2001 Colón se mantuvo firmemente al lado de Bloomberg, en fiestas en El Museo del Barrio, celebrando con los niños del Bronx. De los siete directores de campaña de Bloomberg dos eran puertorriqueños – Colón y Herman Badillo, que se había opuesto a Bloomberg en las elecciones de 2001.

La predicción era que "Bloomberito" - como le llama Colón - ganaría las elecciones de ese 8 de noviembre, con la absoluta anuencia de los puertoriqueños. Y así ocurrió.

La música, más allá del mensaje telefónico en salsa, ocupó su lugar en este juego de caravanas partidistas e identidades políticas. El anuncio filtrado de que Colón grabaría con Daddy Yankee (cuándo, nadie supo nunca) junto a las fotos de los dos que distribuyó el salsero por Nueva York y que colocó en su website también se convirtió en una historia de campaña. En una astuta triangulación de la política: unir la salsa y el reggaetón, lo viejo y lo nuevo, para lograr resultados que parecerían incomprensibles: votos de puertorriqueños jóvenes para el Partido Republicano. Es otro ejemplo de la apropiación de la música urbana por los intereses políticos, igual que sucede en la isla. Además, qué pudo importar que todos los líderes demócratas de la ciudad (los senadores Hillary Clinton y Charles Schumer) y de la nación (Al Gore, John Kerry, Howard Dean) hubieran apoyado a Ferrer si Bloomberg cantaba salsa en español y tenía a Colón, que se fotografiaba con Daddy Yankee - que más tarde apoyaría a John McCain en su lucha contra Barack Obama - iba a grabar un disco con él, y pretendía demostrar que, de los dos contrincantes, Bloomberg era más cool, totalmente en sintonía con la musicalidad puertorriquena y "latina". Más boricua que Freddy Ferrer.

Mientras Wilie Colón buscaba votos por el Bronx, otros estrategas de la campaña de Bloomberg se concentraba en otras áreas de Nueva York (Corona, Jackson Heights, Washington Heights,

Ozone Park) donde residen mayormente las poblaciones dominicanas, colombianas, hondureñas y de otros paises centroamericanos y suramericanos. Silenciosamente los estrategas lograron minar el apoyo a Ferrer. En Washington Heights, por ejemplo, la organización Dominicanos con Ferrer no lograba superar a los Dominicanos con Bloomberg, influyentes comerciantes que movilizan votos. Un veterano comentarista politico dominicano de Washington Heights alegaba que la música es solo el frosting del pastel: "Si el viejo [político puertorriqueño Hermán] Badillo se fue con Bloomberg, algo te dice eso de Ferrer".

Si el poder de la música resultó ser un factor catalítico, también será recordado como un intento de división de fuerzas en el momento más crítico de la búsqueda de poder político boricua en Nueva York. La canción fue blanco de críticas, calificada como "una traición" por líderes y académidos puertorriqueños. Pero en la batalla músico–política, marcó bien su clave. Y si la estrategia calmada, calculadora y circunspecta de Fernando Ferrer en Nueva York no logró emular el triunfo de Villaraigosa en Los Angeles, quizás es que el candidato puertorriqueño olvidó que no se puede dejar atrás (y ya es tarde para intentarlo) el arma secreta del cuerpo en movimiento - el arma de la emoción. La salsa, en Nueva York, se venga de maneras misteriosas.

•••

La clave también estipula otra misteriosa verdad: la emoción es otro nivel de teoria. Unas semanas antes de que Marc Anthony y Jennifer López aterrizaran en Puerto Rico para la gran gala de la pelicula El cantante en 2008, la memoria del cantante de El cantante - el que se curtió y desarrolló en el Nueva York de la década de los 1960 - resurgía en las pantallas de televisión como promoción incesante, como decisión de que nuevamente era el momento de escuchar lo mejor del repertorio.

La película, filmada parcialmente en Puerto Rico, barajaba la vida y la garganta de Héctor Lavoe con el peso de sus debilidades, sin ocultamientos. Los críticos de cine tampoco ocultaron que la cinta adolecía de dorsalidad temática. En la influyente revista Sight&Sound, Linda Ruth Williams pasaba factura a la ambición de una cinta biográfica que mientras celebraba un género musical también lamentaba las consecuencias sufridas por el cantante que ayudó a poner a ese género en el mapa. "If Héctor is split then so is his movie, which can"t quite make up its mind whether it is a biopic of excess or a toe-tapping musical focusing on the rise of salsa".[28]

Mientras en el cine se jugaba con el triángulo temático de música, mujeres y adicciones - los detalles y las minucias de esa caravana que el cantante de Payaso llevaba por dentro - el Héctor Lavoe de los 1960s reaparecía en un capítulo de la serie "Prohibido olvidar" de TuTV a través de los videos blanquinegros que delataban su inocencia, la macharrana solidaridad salsera de sus compañeros, y la imagen del jibarito, del jíbaro stud, del metrojíbaro (un dandy, para ese entonces) que en Nueva York exhibía la piel de un joven de 17 anos en sus primeras apariciones, con su capacidad de incandescencia intacta.

El arco de 25 años de su carrera que presenta el programa coloca a Lavoe frente a las cámaras más tarde, a los 42, deshabitado de sí, borrado como una ilusión malsana, sin bríos y sin voz. Él, que según Willie Colón imitaba a Gardel con sentimiento, probaba que 25 años es algo, mucho más que nada. Esa transformación es el hilo visual que ahora arrebata la garganta de los que no son cantantes y lo convierten en taco gargantino y estrella de velloneras.

El jíbaro urbano, inteligente, memorioso que Willie y Yomo Toro y Johnny Pacheco describen con intencion hagiográfica no anula al inquilino de la dependencia que habitaba en el ponceño que se fue a la urbe y regresó cambiado por la salsa misma, por su estructura, por su régimen de insagradas inquisiciones. La dependencia - más que la adicción - es el subtexto de su ruta. Que ese joven pudiera haberse convertido en aquel desertor de sí mismo es lo que mueve la narración de una cinta que pretendía legar a generaciones la historia completa de un cantante más allá de su hagiografía. Mostrar que hasta la protección póstuma es parte de ese todo en el "todo tiene su final".

La elisión: Willie Colón dice sin decir cuando en "Prohibido olvidar" dice "Cuando llegaba tarde a los ensayos por [pausa]... por lo que fuera, se sabía todas las canciones". El silencio protector, a estas alturas, también es necesidad de no autoincriminarse. El silencio, escribio Susan Sontag, es una decisión. La garganta se queda corta, pero la conomía del consumo la agiganta. La compañía automotriz Mitsubishi circula sus anuncios con música de Héctor Lavoe para que a través de su garganta se adquieran compactos japoneses. Y su legado no merma; todos corren a comprar sus discos. Alguna incandescencia se ha rescatado. La mentira es que haya que creer, si se quiere, que a la gente haya que limpiarle las faltas para que sea "lo más grande de este mundo". Instalar ficciones y aficiones sobre la ruta de una identidad protegida, asordinarla, para que no suene como algunos piensan que no debe sonar.

•••

Instalar ficciones sonoras no es un juego de infantes. Instalar a la vez la afición a los videojuegos y a los intrumentos autóctonos de la isla en maridaje sonoro de tecnología y folklore es tramitar otro eco más entre política pública y cultura: una conversación no siempre agradable y frecuentemente asordinada. En una frontera más allá de la salsa, la instalación "Cuatro Hero: Hay Silencio" (2010)- inspirada, como admite el artista Calin Cover Tarrats, por los juegos "Guitar Hero" y "Band Hero" - es hija del impasse de la conversación entre ley y cultura en Puerto Rico o, más bien, de sus interrupciones y sus gritos. "La instalación consiste de un tapiz de discos de vinyl con etiquetas producidas para la obra, un tocadisco viejo, un cuatro, y un cartel de promoción de este "producto" no existente. La falta, el vacío de sonido, ese silencio que impone la factura artificiosa y lúdica de lo "no-existente", se corporaliza a través de una doble vida de esa no existencia: el "no-producto" como es y el "no-producto como pudiera ser.

"Si fuera diferente", comienza la descripción de la instalacion, "se podría pensar en producir el juego 'Cuatro Hero' con un cuatro de plástico con botones que simulan los trastes, un guiro, maracas y un pandero". 29 La vida real y el modo de empleo de este segundo producto imaginado se detallaría en un manual que disuelve y complica los dobleces y las fracturas de la trama original. Los avatares del juego (Carretera 13, Papi Yankee, De La Campo, Don Cholito, Héctor "El Jíbaro") tendrían acceso a un repertorio exiguo de canciones que resaltan la via en los campos puertorriqueños. Y la disposición del toque politiza el ritmo: Cuatro dedos en tres espacios señalados con el tricolor partidista de la isla - verde, azul, rojo - que procurarían la mezcla de sonidos, música y ruido.

El problema sónico presentado a través de la lucidez lúdica de "Cuatro Hero" es la pregunta que transita la compleja instalación: el reggaetón - que es considerado como música autóctona por la ley vigente - ¿también puede incluirse en el canon de la música autóctona de Puerto Rico? Qué desencadena la necesidad de organizar, jerarquizar, autorizar y legislar los sones y los ritmos incontenibles de un país que se renueva sonoramente y que juega a ser sonoro. Los juegos que todos pueden jugar, sin requisito de técnica ni de instrumentos, también han florecido dentro del boricua gaming society. El cuerpo que en ritmo mueve su boca a la música y la boca que se expresa en ritmo ya es un juego. Este divertimento rítmico, muy real - conceptualizado y desarrollado en Puerto Rico, "Trident Jam"- se describe como "un juego al estilo de 'Rock Band' y 'Guitar Hero' en que tu control es un headset que captura el sonido de masticar, en este caso chicle. Tendrás que seguir el ritmo de la música y mascar cuando las frutas lleguen a la boca del avatar en la pantalla". La masticación más rítmica ganaría asientos en un concierto de Lady Gaga. La masticación detona su ritmo, y se desata como eco, casi como música autóctona.[30]

En la realidad post-salsa de la música popular puertorriqueña, otro ruido político detona las preguntas, la búsqueda del qué y cómo inscribe la música, qué territorio desdibuja, qué territorio define y qué oculta el arco sónico y los ruidos implicitos de la nación emocional en los postulados de la nación geográfica y sus desencantos.[31] Se destila el cómo en alucinaciones publicitarias, estrategias políticas, juegos falsos, el territorio - como sostiene Elizabeth Grosz - siempre permanece abierto al caos sonoro de donde saca su fuerza.

•••

Suele suceder que los ritmos que nacen en otras geografías desde las que trabajan y crean los puertorriqueños se clasifican como juguetones, peligrosos, insubordinados, generadores de escándalos, censuras, amores, adicciones. O simplemente como clásicos. El "Oye como va" de Tito Puente, que forzó a los estadounidenses a oir cómo iba ese ritmo que era bueno pa' gozar, el ritmo del eléctrico, enérgico gimnasta de los timbales que no podía parar de moverse mientras tocaba y dirigía la orquesta; o la versión de José Feliciano del himno nacional estadounidense, un "Star Spangled Banner" que instauraba y destruía un mito al por primera vez jugar con la melodía del himno venerado, cobijándolo en la versión acústica de su guitarra española y de su flamenco pop, soltando en un estadio de béisbol en 1968 el Oh, say can you see de un ciego que, desde la quietud de su silla, su cuerpo sentado, apenas marcando el ritmo, causaba un escándalo y hasta la censura temporal de sus discos por su revolución sonora – ser el primero (meses antes que Jimi Hendrix) , que se arriesgara a resonificar el himno de la nación estadounidense en esos 1960s de cambio e ilusión.

De las ilusiones surgieron clásicos y explosiones que se instalaron en la discografía estadounidense como standard fare. *"Certain songs became space-age pop traditions, spreading from one (mono or stereo) record to the next, always performed in a different style. In any discussion of the standards of 1950s and 1960s cocktail music, two songs from Juan Tizol, 'Caravan' and 'Perdido', stand out... securing the artist's place in American popular music history".* [32]

Juan Tizol, el trombonista/compositor puertorriqueño que integró la orquesta de Duke Ellington por tres décadas, cuenta con más de 250 versiones grabadas de su "Caravan", por artistas desde Pérez Prado a Ella Fitzgerald a Ray Conniff. Lo que su composición logra instalar en la imaginación del mundo que la escucha es una secuencia de geografías sonoras. Tizol le legó a los miembros de lo que Adolfini bautiza como el cocktail generation la capacidad de divagar sónicamente a todas partes dentro de una canción, el ritmo como caravana interminable que detonaba la imaginación, un image sound machine, una distorsión geográfica, un paladeo al que se vuelve para masticar con más fuerza y quizás escapar de toda rutina. *"Caravan satisfies even the most demanding palates. It evokes deserts populated by dromedaries and Besouins, or unknown beaches lapped by crystalline waters, or it can undergo frenetic accelerations and swing madly..."* [33] *"Caravan"* agranda percepciones sin delimitar predilecciones, con la capacidad de lograr ese *"being otherwise"*, y ese *"being somewhere else"* - el escape, la errancia: *"Music is a line of flight from the home that the refrain constructs."*

6.

BRÍOS REVUELTOS

Mire, el jueves yo me monté en el lifter y había tanto y tanto frío que se me congelaron las nalgas. La Biblia habla de nalgas así que yo no dije nada malo. La palabra nalgas aparece en la Biblia. Entonces yo dije que la línea del medio se me borró de tanto frío que yo tenía. Realmente yo me sentía que era como una sola nalga la que que yo tenía. Yo bajé de allí con una sola nalga.

- Rev. Rodolfo Font, sermón #19, 18 de enero de 2005

The last fart you laid was probably heard though the entire building

- Pedro Pietri

Thy decay is still impregnate with divinity.

- Lord Byron

I. Lo divinos que somos

Si el hombre es mitad divinidad y mitad polvo, como aseguró Lord Byron - y aunque Byron no la incluyera, también la mujer - la atadura que fija la mitad que corresponde al mundanal polvo a la mitad de la etérea divinidad tendría por necesidad que estar bien sostenida con un pegamento monumental, un Crazy Glue astral que no le permitiera división. Solo así se podría cimentar, en algún nudo fantástico, la elasticidad y rebeldía de esos polos (el divino, el polvoriento) que si se dejan solos y sueltos pueden destruir la unidad que se les presupone. De no haber pegamento, Byron dice que no sobrevive el hombre, ni la mujer tampoco. Su "destrucción", como las ruinas de Roma, sería certera y estaría impregnada de divinidad.

Pero el hombre no es el problema constante del hombre, recuerda Foucault con firmeza autoritaria: "One thing in any case is certain: man is neither the oldest nor the most constant problem that has been posed for human knowledge... As the archaeology of our thought easily shows, man is an invention of recent date. And one perhaps bearing its end".[1] El problema constante del hombre es su entorno. La complejidad de lo ordinario. El poder que administra lo ordinario. Y el edificio cacofónico del poder.

La religiótica - la presencia del manto sonoro divino en los círculos políticos que negocian las cosas del hombre y mujer puertorriqueños - ha demostrado que puede "triunfar" en esa frontera en que ni política ni religión sobreviven solas. En tiempos de crisis económica como la que se ha desatado, la envoltura divina, las instituciones religiosas y sus líderes, aparentemente "se crecen", se agrandan, son un bálsamo para la insufrible intensidad, y promueven - con la anuencia insólita de muchos - la sacralización del proceso político. Lo hacen sin rozar la esencia de los protagonistas del circo gubernamental, que en sus estrategias acceden al teatro sin aprenderse muy bien las líneas. Ser "divino" en Puerto Rico se circunscribe a evitar que el polvo se disipe por los aires y que la divinidad se despegue de la materia, y permitirle al cuerpo ser tan deliciosamente carnal como siempre ha sido. Ser "divino" en Puerto Rico es atreverse a señalar cuán frías se pueden poner las nalgas. Ser "divino" en Puerto Rico es una concesión aural a las circunstancias.

•••

En su Mensaje sobre el Estado del Estado Libre Asociado de Puerto Rico en febrero de 2012, el exgobernador Luis Fortuño esperó hasta la oración final de su discurso para apuntalar su relación personal con la divinidad, y la relación que él le ascribe a esta con la isla. Con fuerza y tono de pronisticador, insistió que el futuro de la isla traería "la gloria que el creador tiene reservada para nuestra patria". Una frase, claro está, que le suponía ganancias políticas, y que constataba su alineación con las "instituciones de fe" que tan celosamente había cultivado en sus anos como político. La "gloria" de Fortuño y la "gloria" de las iglesias aparecen coaguladas en una sola gloria predestinada, tan reservada para la isla como la presentida salvación veraniega cada vez que un huracán toca a las puertas del Caribe. En su Mensaje de Presupuesto, el 24 de abril de 2012, fue en el principio que apareció la referencia reigiosa: las primeras oraciones del discurso de Fortuno fueron dedicadas a la "infinita bondad" y la "infinita sabiduría" del creador. La interferencia religiosa en la labor gubernamental es un sazonador de voluntades y un megáfono de glorias venideras. La sal de la tierra impregna toda construcción y todo derrumbe. La interferencia se convierte en interdependencia, y poco a poco ambos bandos hablan por la misma boca.

La cercanía ya cimentada por el gobernador y las instituciones de fe fue creciendo a lo largo de su mandato, y las palabras que sellaban la cercanía de esa relación se revelaban con más frecuencia. "No solo entregaron las armas... entregaron las almas al Senor", fue el resumen de Fortuño en mayo de 2012 de la colaboración Estado-Iglesia en la amnistía a los portadores de armas ilegales propulsada por su administración, en la que incorporaba a más de 100 iglesias de la isla como centros de acopio. Y, días después, en una visita a la Iglesia de la Reverenda Wanda Rolón en Toa Alta, acompañado de la Primera Dama y el Reverendo Heredia, el gobernador se dedica a dar gracias por lo obtenido y a esperar por lo que dice va a obtener: "Voy a ser bien franco: Sin la mano de la Iglesia, yo no tendría la esperanza que yo tengo por Puerto Rico". Sus palabras fueron descritas como un "culto de corte oficialista y de promesas", un comentario fuera de lugar. 2 Pero, luego de tantas adhesiones a la divinidad, después de tanto estrechar la mano de la Iglesia, exactamente ¿cuál es ahora el lugar, el justo lugar, que ocupan política y religión el la isla, quién está afuera y quién adentro de la ecuación en la que se enfrentan las ambiciones revueltas de políticos y religiosos, quién demuestra más brío y más ruido organizado en medio de la tensión? La tensión político-religosa propulsa o suspende la administración del futuro. El futurismo de la religión condena al presentismo de una administración a contar con la abstracción de la divinidad, si es que esa administración quiere que su presente político se extienda hacia un divino futuro.

•••

El Artículo II, Sección 3, de la Constitución de Puerto Rico especifica que "Habrá completa separación de Iglesia y Estado". Pero la letra casi muerta de ese documento no ha detenido la construcción de una nueva estructura de sensibilidad, una fusión política/religión, la unión de dos orquestas, la religiótica, considerado por algunos un "mal menor", pero nunca unisonante, siempre múltiple, vibrantes gargantas que se tocan y se prestan en carnavales de palabras en público y tras bastidores. El resultado de ese préstamo ha llegado hasta la legislación de mentiras de fe como verdades nacionales. En uno de los capítulos más incomprensibles en la legislación de lo divino , en octubre de 2010 la Cámara de Repesentantes aprobó una resolución presentada por el Rep. Luis Raúl Torres (miembro de la Congregación Mita de Puerto Rico) que le adjudicaba "divinidad" a Aarón, el líder de esa Congregación, oficialmente aceptándo lo que solo sus fieles aceptan: que Aarón es "Dios en la Tierra". Una declaración que sellaba las ambiguedades y los desquicies de una democracia que permite, legisla y autoriza las más claras interferencias. 3

Para medir las consecuencias de esas interferencias e interdependencias sónico-religiosas en la política puertorriqueña siempre ha habido un día de fiesta cuasi oficial, esperado y publicitado por políticos, religiosos y medios de comunicación. La celebración del Día de Clamor a Dios, en los predios del Capitolio de Puerto Rico, ha cumplido con la alucinante misión de recordar - todos los años por cuatro décadas, coincidiendo con el feriado del Día del Trabajo - la labor que en íntima colaboración con los administradores de turno ha logrado perpetuar en Puerto Rico un salvaje matrimonio. La celebración de Clamor a Dios, regentada por el Rev. Jorge Raschke, ha sostenido más que un lugar en la imaginación de lo posible. Ha hecho posible la realidad de la religiótica contemporánea: un pasamano de intereses en el que a vítores se desnuda la ya no tan secreta ambición de un gobierno perpetuamente compartido. Sirve, además, de faro sónico. Lo que se anuncia es la coalición de fundamentalismos , el junte de voluntades que decide, en la política, entre lo bueno y lo malo. "La política no es mala porque la política es el arte de gobernar. Lo malo no es la política, lo que es malo, lo que es sucio, es lo que hacen algunos políticos" 4. Y los políticos que asisten a la jornada reciben el sagrado apoyo del líder Raschke, quien en sus buenos tiempos, con su palabra, frente a la brisa del Atlántico, al lado de la Casa de las Leyes, resucitaba y rehabilitaba carreras políticas, o las hundía.

En el día a día de las actividades políticas, la operación "regeneradora" de la Iglesia toma precedencia, y se alarga la secuencia de los momentos en que la puerta política se abre de par en par y la Iglesia entra con permiso. Pero hay momentos clave en los que la sonoridad, la retórica y el compromiso político-religioso suben su volumen. El episodio central y los sucesos que le siguieron al publicitado cierre de gobierno (el "tranque y destranque" gubernamental de Puerto Rico) en mayo de 2006 - que se difundió mediáticamente en cadenas televisivas y periódicos internacionales (CNN, The New York Times) - le sirvió al entonces gobernador Aníbal Acevedo Vilá de momento definitorio de la adhesión sonora del gobierno a los sermones de las autoridades religiosas. Se ha asegurado que, en el proceso de resolución de la crisis que entonces amenazaba con dejar en riesgo financiero a la Isla, la intervención de la Iglesia fue la llave del cielo entregada el gobierno del país, que ocurrió un milagro público al que se le adscribe la categoría de "esencial"; se ha asegurado que sin "milagro" no se hubiera logrado el diálogo que legó la calma. Los políticos del país compraron el milagro ofrecido, y la divinidad, una vez más, fue objeto de consumo. De ahí surgieron discusiones y consensos y acuerdos basados en la "fe" impostada por unas horas ante la obtención de un acuerdo económico. Y se perpetró un golpe de estado mental, impregnado de divinidad, en 2006: ese momento fundó una nueva manera de resonancia de la religio en la polis, el acceso total de la religión en medio de, como protagonista de, a la derecha del padre político de turno. Nadie estaba preparado para la ofensiva que se organizaba en busca de soluciones. La aparente inaccón de las autoridades gubernamentales ante la debacle económica llevó a las manifestaciones, las marchas, los convites de organización. Hasta los conocidos presentadores de radio Gangster y Funky Joe regentaron una campana sonora y constante frente al cierre de gobierno llamada "Puerto Rico Grita 2006". 5 Y fue el grito que se alzó el que también permitió que la religión se anclara más sólidamente al brazo de la política.

Es que Puerto Rico nunca ha sido un estado secular estrictamente. Tampoco una teocracia. Pero es gobernado a veces por la religiótica, que es regida por la producción de su propia presencia, como senala Hans Ulrich Gombrecht. La presencia es lo que le otorga el significado. La presencia de "lo divino". Los líderes religióticos continúan acortando la distancia síquica de los habitantes de la isla con su mitad divina al recalcar que las decisiones políticas son (y tienen que ser) productos de la divinidad.

Lo divino siempre está en la imaginación, al menos como concepto. Se recuerda el agudo folclorismo, pero folclorismo al fin, con el que en La guagua aérea un nino de 9 anos compra lo que cree que es la divinidad por unas monedas - la compañía de esa mujer experimentada de la que su padre le ha hablado y que, ante la insistencia del nino, lo duerme a su lado. Ese sueno supervisado por La Mujer Ideal le parece "devino", dice el nino - él solo quiere disfrutar de la experiencia divina que no sabe pronunciar. Esa, quizás, fue su primera decisión trascendental: cómo hacerse de la divinidad que el padre había comprado antes, y de la que le había llenado la imaginacion. El burdeleo, pues, también lleva a la divinidad.

La historia instantánea de las últimas dos décadas no ha sido totalmente divina, y ha costado más de una peseta, pero muy rápidamente se ha inscrito en el registro de las Decisiones Trascendentales de la Isla - las "decisiones trascendentales" tomadas con anuencia de, y en auxilio de, el gobierno religioso subterráneo de Puerto Rico. La fundación y consideración mediática otorgada en 2006 al denominado Comité

Mixto supuso la debilidad de un gobierno sin "ponderación religiosa"; la aceptación de mediación sobre constitución. El dinero de las arcas públicas, como el polvo, se esfumaba; la "divinidad" intervino para pegarlo nuevamente al cuerpo de los mortales. La ecuación político-sagrada armonizaba a dos poderes, reunidos en sus tres intereses primarios compartidos: reclutamiento, reproducción y recaudación. Un ejemplo perfecto de la reinvención de una dinámica que no cesa de sorpender ni de asustar – la religión como látigo ante la haraganería intelectual del estado. La vagancia del gobierno como herejía, castigada con la sumisión de los gobernantes a la mano poderosa.

La repetición incesante de ese látigo, del sonido religioso, del portaestandarte sonoro que replica y pasa factura en discursos, sermones, anuncios, expresiones públicas de políticos y líderes espirituales, es diferente al compromiso ético que, según Amy Guttman, sí debe mantener un lugar en el gobierno democrático de las naciones. Es la conciencia la que latiga, pero latiga en contra de la administración de la conciencia, a expensas del balance ético de cualquier estado.

> Conscience has some special claim to be considered by democratic governments because democracies are supposed to be committed to respecting the ethical agency of individuals. Since religious identity is not the only source of binding ethical commitments, democratic governments cannot defer only to religious conscience without discriminating among citizens. Whether and when democratic deference to conscience is desirable turns out

to be a separate issue from the question of whether religious identity is special. [6]

Pero sucede que, para la "opinión pública" puertorriqueña, la categoría de "líderes religiosos" es especial - parece ser el único grupo con suficiente gravitas, con peso pesado, para triunfar en la lucha testicular del país que se habita. Así es como en ese intersticio religio-político del gran caos del 2006 a los miembros de la mixta junta enteramente masculina les tocó gobernar por 48 horas sobre el lío de agua viva del país, y luego aguantar cómo las aguas se rebelaban. El resultado: cuatro mediadores provocados a la convocación por tres líderes religiosos para salvar empleos y liberar dinero para los empleados de gobierno. En su mínimo común denominador, el llamado Comité Mixto (o la "Mixta") que desplegó su claridad en la administración del gobernador Acevedo Vilá anunciaba el derrumbe de esa maldita pared (pequeña y traspasable) entre estado y religión, más fácilmente traspasable aún cuando el gobierno no existe. Constataba esa no-existencia la Mixta de moros y cristianos contra la morosidad; una mixta en un país en el que el "voto mixto" todavía huele mal. Río revuelto, ganancia de predicadores.

El nombre de esa Mixta parecía siniestro ("ténebre", diría un político), pero desde su tenebrosa concepción algo estuvo muy claro: la esfera pública volvía a adoptar el nuevo "viejo modelo" de intercesión, intromisión o misión de mediación de los poderes divinos ante el mero merodear humanísimo, errático y mortal. A la mesa en la que se discutió acudieron los

CPAs, economistas y jueces, pero rondando la mesa, vigilando desde su éter autoritario, estaba el poder de esas dos instituciones a punto de morir que nunca morirán y que se unen cuando sienten el dolor de su propia pérdida.

La religión es panóptica porque siempre vigila. La política es caótica porque siempre esquiva. Entre cabilderos y brokers, la naturalidad de movimiento de tres líderes religiosos en las esferas de poder logró una convocatoria más importante que la intentada por los miembros de la Banca y la Industria en la gran crisis de 2006. El Rev. Ángel Marcial, en celebración serena de lo logrado por el triunvirato que lo incluía a él, al Arzobispo de San Juan Roberto González y al pastor Luis Negrón, aseguró que – tras la intervención religiosa – ahora el país podía "llegar a puerto seguro, a un puerto alegre". Se lograría esta alegre seguridad a través de una reunión semanal de los políticos para hablar bajo el manto de la divinidad, eternamente protegidos. "[Es] sanador para el pueblo de Puerto Rico. Que el país vea esto como un nuevo comienzo. Que miren al cielo y vean que de ahí viene la salvación", insistió Marcial. Y sacando una página del manual de gobierno de Ronald Reagan (Trust but verify) , pronunció con firmeza una oración que parece amenaza: "La Iglesia estará vigilante".

La desconfianza que ha propuesto y propone la Iglesia es la desconfianza de todos, pero decretada como relámpago desde las alturas. Aunque se alegue que las acciones públicas son "una extensión del púlpito", cabría preguntarse si quizás el púlpito no se ha extendido demasiado, y este precedente fue solo la anunciación de un nuevo orden religiótico contra las indelicada estrategia nueva que dio un Senor, que borremos pecados como pidió un vez Rosselló. Analistas y políticos siguieron el ruido y abordaron en ese entonces La Guagua Divina. "La intervención divina del Arzobispo", según expresó Juan Manuel García Passalacqua, fue vital para salvar a la isla de su derrumbe final en 2006. Lo mismo concluyó el ex senador y analista político David Noriega, que la religiótica atajó la caída al precipio. El discurso del "milagro" aconteció en ese entonces como manantial en el vacío después del pedido de Rosselló a la Iglesia de ser "un poquito inmorales".

II. "Un poquito, no mucho"

La estrategia de ofercer cabida a los líderes religiosos dentro de la administración del país también lleva a considerar qué dosis de esa religiótica se le ofrece a los ciudadanos. Amy Gutmann, en *Identity in Democracy,* presenta esa relación posible como de una vía o de dos vías, al discuitir qué tiene de especial (si es que algo tiene) la religión como marcador de identidad, y de qué forma, en el ruido constituyente de una democracia viva, su insistencia sirve de palimpsesto sonoro en las decisiones cotidianas de un gobierno.

> In order to protect churches and states from one another, some democracies have tamed the political power of both by a settlement that I call "two-way protection." Two-way protection is committed to protecting the religious freedom of individuals in exchange for protecting the democratic state from

the political power of churches. By contrast, one-way protection aims to protect religion from the state but not protect the state from religion. Defenders of two-way and one-way protection disagree as to whether and how religious identity is special, and with what political implications. [7]

Pero desde las manos levantadas del cantante de música sacra Samuel Hernández que cortaban el aire en actividades capitolinas en 2006, se multiplicaban los abrazos de enemigos legislativos en el hemiciclo, y aumentaban las oraciones con las que comenzaban y terminaban las reuniones que destrancaron el tranque, el panorama político se ha planteado en la isla como una cuestión de exorcismo, un PAC divino, eficiente y con garras de poder en el que comparten ambiguedades falsos profetas, aprendices de demonios, y jubilados mesías. Un espectáculo para articular y rearticular el drama de la necesidad y la búsqueda de una "unción". La antesala al verano de 2006 proveyó el modelo que se ha seguido en años posteriores. Un noticiero televisivo, como primera noticia de la noche, se apuntó en esas semanas el titular que lo dice todo: "Consejería Pastoral para José Aponte", el entonces presidente de la Cámara de Representantes. La Legislatura - Cámara y Senado - pasaba a imaginarse como el lugar donde las identidades políticas y religiosas se confunden, y donde el lío de los políticos solo puede ser curado con agua viva de los religióticos.

En otras geografías más convulsas, el ruido religioso y políticamente comprometido se moviliza, transita sin pausa. El ruido de la seducción espiritual es trámite público/privado. Ejemplo de esta sed del oído por la autoridad son los casetes que pasan de mano en mano, de taxi en taxi, en los pueblos y ciudades del Oriente Medio, que activan "el oído de la fe" y aseguran la fidelidad ciudadana a los postulados religiosos. Los hábitos perceptivos se refinan; la circulación del sonido es, de hecho, la activación del sensorium mobile que penetra y descarga en los oyentes la emoción necesaria para que se reitere permanentemente su presumida importancia.

En *The Ethical Soundscape*, Charles Hirschkind otorga a los casetes de discursos y mensajes religiosos la potestad de sostener la fibra que se construye en la repetición de la fe oralizada, de la descarnada "verdad" que entra por las vías abiertas del cuerpo oyente. *"[T]he contribution of this aural media to shaping the contemporary moral and political landscape of the Middle East lies not simply in its capacity to disseminate ideas or instill religious ideologies but in its effect on the human sensorium, on the affects, sensibilities, and perceptual habits of its vast audience. The soundscape produced through the circulation of this medium animates and sustains the substrate of sensory knowledges and embodied aptitudes undergirding a broad revival movement within contemporary Islam"*.[8]

El estudio de esa oralidad portátil también se centra en la portabilidad de la fe, en la fe y la violencia que entran por el oído, y que se reiteran al vuelo del tránsito y de los viajes cotidianos. Todo ruido, todo sonido será investigado. Las más de 1,500 grabaciones de cassettes encontradas en la residencia de Osama bin Laden en Afganistán que recogen las enseñanzas de Al-Qaeda -obtenidas por CNN en 2001, y ahora recopiladas y archivadas en la Universidad de Yale-

subsisten llenas de estática y exabruptos, parlamentos misteriosos, discursos de reclutamiento, himnos islámicos, recitales de poesía, bodas, y hasta sesiones en los que los *mujahedeen* se preparan desayuno en estufas de kerosén. *"Some tapes focus on Bin Laden's personal combat experience with the Soviets, providing new insights into the visceral origin of his hatred for infidels. Others feature narratives about historical Muslim clashes with Jews and Christians; these shed light on the symbolic armature of bin Laden's arguments".* 9 *Esa armadura simbólica incluía las voces otras de la influencia, los sonidos que a su vez se habían tramitado en los oídos de bin Laden, las palabras de las cuales el líder de al-Qaeda había destilado sus acciones. "In the collection are the voices of more than 200 preachers, jurisprudents, militants, and others whon bin Laden was listening to before 9/11. Many are extremists, other moderates who became sharp critics of his aims and methods".*[10]

Ahí el contenido que se mezclaba en el ruido privado de un líder destilaba también una acción que provocó el ruido máximo, la explosión que cambió la audiovisualidad a principios del Siglo XXI. De nuevo, en el lugar donde las identidades políticas y religiosas se confunden, se hablaría de la religión como fondo, como evidencia de la religiótica contemporánea pura y dura.

•••

Puede que la unión estratégica -aún con motivos "loables"- de la religión y el estado "empobrezca" a todos, como alega Catherine Roskam, una experta en historia de la religión de Nueva York, pero desde afuera (desde las gradas) es de una solidez tan perversamente inasible que reta las hazanas de cualquier Iron Man Competition en ESPN. Fuerza y Control, Polvo y Divinidad al servicio del Futuro Inexplicado.

"'Tis impossible to refute a system which has never been explained", escribió David Hume. Empírico sin mancha, Hume sabía que el hombre tiende a dar golpes en la oscuridad. *"In such a matter as fighting in the dark, a man loses his blow in the air, and often places them where the enemy is not present"*. O, como en otro contexto ha expresado mucho menos empíricamente, y de forma más contumaz, el exalcalde de San Juan Jorge Santini. "Hasta que no metamos a dios en la escuela, en la casa, en la oficina y en el gobierno las cosas no se van a enderezar... Hay que meter a Papa Dios en la casa, hay que meter a Papa Dios en la escuela, hay que meter a Papa Dios en la mesa. Aquí tenemos que olvidarnos de los inventos de la gente". [11]

Pero ya las visiones analógicas y metafóricas de lo divino han causado la fatiga y la rebelión de los oídos: desde el exgobernador Pedro Rosselló y su busca de la Gran Analogía -los siete mandamientos nuevos del catolicismo protestante-, el "Papito Dios" incesante en la boca del exalcalde de San Juan Jorge Santini, las oraciones en el hemiciclo, las reuniones privadas del Arzobispo de San Juan en La Fortaleza y en el Capitolio durante la incumbencia de Aníbal Acevedo Vilá, la presencia eterna -aún después de haber sido cesanteado de su cargo- del Pastor Aníbal Heredia bajo la administración del ex gobernador Luis Fortuño, el pregoneo de la religión por parte de los políticos. La religiótica es la primera y la última opción, etiquetada como los bookends de la esperanza, como el break de la esperanza. Y las dos décadas desde 1992 replantean el curso de acción que surge de la presión alimentada por la aceptación de concesiones anteriores.

Falso, como comentaba un astuto observador riopedrense, que la indignación solo despertó cuando "se tocó a los curas con la palabra". "A Rosselló se lo comió la bruja el día que se topó con la Iglesia", comentó el analista político Juan Manuel García Passalacqua, pero ya de alguna forma la bruja se había comido a todos los políticos. La admisión del exgobernador Rosselló en 2004 que de alguna forma su "fe", sus creencias, habían sido sacudidas hacia una nueva definición de su persona le valió titulares y críticas. *"Rosselló decries role of some Catholic leaders"*, leía en su portada *The San Juan Star* el 24 de octubre de 2004, y los líderes de la Iglesia Católica se preparaban para la batalla. El Arzobispo de San Juan, Roberto Gonzáles, ripostaba con un diagnóstico (*" S.J. archbishop: Former governor going through identity crisis"* [12]) y su antecesor, el Cardenal Luis Aponte Martínez -tras la contribución económica pública que Rosselló le ofreció al Pastor Jorge Raschke y sus contactos con líderes religiosos protestantes- escalaba el nivel de los ataques: *"A person who used to be a Catholic and then goes with pastor [Rodolfo] Font and now with this woman [Wanda Rolón] will go with someone else tomorrow. The most that can be said is that he is using religion opportunistically"*. [13]

La propuesta de vacío de los políticos y los religiosos, en oportunismos sucesivos, tiende a inventar y construir su irrelevancia. Después de todo, están unidos poder y fe en la disposición nominativa de la ciudad capital. En las calles de San Juan, calles de santos, Cristo hace esquina con Fortaleza. En ese cruce permanente es que se forman las protestas calmadas con oraciones.

III. El Torschlusspanik

Allí en San Juan, frente al Capitolio un viernes -mientras un hombre y su 18-wheeler modelo 2002 negociaban el tránsito violento de una protesta frente a un cruzacalle que leía "Ojala que que se hundan en el mar el Capitolio y los legisladores"- cinco jóvenes se conformaban con llorar sus penas frente a una vieja casetera escuchando a La Lupe cantar *Puro teatro*. La estática del drama entre ruedas y ruegos no llegaba a traspasar las puertas del Capitolio en esos días de protesta de 2006.

Lo que realmente quedó como enigma y repetición luego del "destranque" es qué hacer con los políticos que se niegan a partir de la vida pública una vez su tiempo de "efectividad" ha pasado y su posibilidad real de construir es menor que la de obstaculizar. Cómo hacerles entender que hasta sus incondicionales se han fatigado. No hay que mencionarlos para que todos sepan quiénes son. Eso, quizás, es lo único que la religiótica prueba: cuán insalvables son los mortales. El registro de la historia nos dice que el apego de los políticos puertorriqueños a sus sillas movedizas, a las *swirling easy chairs* en las que se mecen frete a sus escritorios, ha sido tan innatural como improductivo. Tanto así que las dinastías - políticas, religiosas, religióticas - proliferan y se anuncian como hiedra política en paredes no muy bien construídas.

Los políticos de la "izquierda" no trafican en dinastías religiosas. Quizás debieran intentarlo. De esa forma entrarían al ciclo de *diminishing expectations.* Los políticos puertorriqueños que se conciben como margen se dan permiso de ser un poquito inmorales - un poquito, no mucho - y se reúnen con los portadores de la divinidad, que tampoco pueden vivir sin ellos.

En su búsqueda y tenencia de poder político, ha sido el ruido y el daño colateral del reverendo Aníbal Heredia, el que ha sometido a una administración a procurar darle cabida, acomodar sin pausa los pedidos de selectos sectores religiosos. En vez asumir su papel de cabildero, se ha presentado públicamente como intercesor divino, con ambiciones terrenales. Su frustrada campaña para las elecciones de 2012 contó con una página de Internet azul anunciando que el reverendo quería ser candidato, y parecía bendecida por todos los poderes del país. Su unción del entonces gobernador Luis Fortuño como un profeta, como Pastor en Palacio, como David, resonaba - como antes había resonado la Reverenda Wanda Rolón, asegurando que Dios le había confiado el triunfo de Pedro Rosselló en las elecciones generales de 2004, fallando Dios en acertar la predicción. Predicciones, bendiciones y peticiones que forman parte de esas partituras religiosas que son acogidas por la orquestación de los gobiernos, y que se transmiten socialmente como ondas avasalladoras.

Otras ondas se desprenden desde la partitura del gobierno mismo. El presidente del Senado Thomas Rivera Schatz y juez del Tribunal Supremo Eric Kolthoff emprendieron en 2011 una gira por las escuelas para enseñar moral, ubicando las otras dos ramas gubernamentales -la legislativa y la judicial- en el mismo discurso religioso ejecutivo que aboga por una reunión de lo constitucionalmente dividido.

Pero la batalla no se registra en torno a la deseabilidad de la presencia de la religión en los asuntos cotidianos del gobierno, sino a qué grupos religiosos merecen el privilegio de ser escuchados y consentidos, y cuáles deben permanecer en silencio. La guerra santa se esparce en los medios de comunicación. El representante del Partido Nuevo Progresista José Aponte escribe una carta abierta al Monseñor Roberto González Nieves sobre su discursividad política, y le reclama su intervención "desmedida" en la esfera pública: "Nuestra Iglesia no es la política y la política no es nuestra iglesia", le advierte, además de condenar la opinión de González Nieves sobre el plebiscito sobre el status político de Puerto Rico.[14] Ya las expresiones habían provocado una investigación de la Santa Sede al Arzobispo. Su oralidad, lo que sale de su boca, es solo pertinente cuando es conveniente para la administración de la Isla. En su defensa, González Nieves ripostó que deseaba que "palabras sagradas en otros países como 'patria', 'nación', 'identidad' sean sagradas también en Puerto Rico".[15]

• • •

Los certeros y directos alemanes poseen hasta una palabra que define, exacta, precisamente un proceso tan común como complejo, tan secuencial como incomprendido. El Torschlusspanik es el miedo al desvanecimiento de las oportunidades frente al paso de los años, al avejentamiento en obra y palabra. Se esfuma el tiempo para ser productivo y hacer productivamente, y ya no se quiere aceptar los errores que pueden haber llevado al fracaso que les espera. El pánico humano tiende a buscar un propósito divino.

Tras fracaso de la vieja Política, llega la nueva Religiótica, que no es Jorge Raschke en los escalones del Capitolio, ni el Reverendo Font con sus dinosaurios y exilios a Texas, sino mesas adornadas para un repas de mar y tierra y reuniones dentro de las oficinas con resultados concretos, sin poses de separación. Las transcripciones de los ruidos que proponen las intervenciones de la religio son noticias del día, portadas y proyectos de ley. Mientras, en la televisora del pueblo de Puerto Rico, el Secretario de Recreación y Deportes Henry Newmann puede impumente defender su decisión de organizar una Liga de Baloncesto entre las iglesias de Puerto Rico, pagada con fondos públicos. Newman, quien protagonizó un anuncio televisivo con Luis Fortuño exaltando la enseñanza de "valores" a través del deporte, también se desempeña como comentarista de los juegos de baloncesto de la Liga de las Iglesias, donde católicos, protestantes, you name it, aprenden y ejecutan como expertos trespuntistas seguros de que su equipo ganará porque se lo han pedido a Dios y Dios proveerá y ese campeonato va ser mío. Neumann ha admitido que los jovencitos que ahora juegan no siempre jugaban, que él utiliza el "mecanismo del deporte" subvencionado por el gobierno para que los jovencitos encuentren un lugar en los bancos de algún templo los fines de semana. "Muchos de estos jóvenes no iban a la Iglesia", insiste. Ahora, con el baloncesto de por medio, ven milagrosamente la luz. Ese es su reclutamiento –convencer a jóvenes, no necesariamente para que se mantengan en la escuela y luego ingresen la fuerza laboral, sino para que formen parte de alguna fuerza espiritual incorporada. Para que recen. Y, como rezó, el equipo de una iglesia de Guayanilla derrotó a una Iglesia de Trujillo Alto -que también rezó, al parecer no lo suficiente -para ganar el campeonato de la categoría de los 16 años.

•••

La dramaturgia de la política isleña ha perpetuado un diálogo consciente con el miedo. Las desvirtides de la paranoia cotidiana todavía no se han reflejado en el destino final de la isla, pero han aumentado la complejidad de vida y obra de sus habitantes. Comenzó quedo ese diálogo, se metió en cerebros, y ahora es puro veneno. Ha logrado desactivar la posibilidad de deliberar, organizar pensamientos, presentar soluciones con nitididez. Ha hecho del país uno de baja resolución.

En esa intersección, las movidas laterales de políticos y religiosos y las interferencias en planos de fe e ideologías cargan un exceso de ruido, una sombra de injusticia, porque los poderes que se unen o son obedecidos o hay castigos por partida doble para los fieles. Ese rasgo de la religiótica contemporánea se resiente. La sociedad civil apuntala contra esa sociedad de pares impares y se organiza en contra de las maneras insutiles que estos utilizan para favorecerse mutuamente, en contra de los privilegios políticos y económicos que la administración del país otorga a los grupos religiosos. Como ejemplo de este esfuerzo secular se encuentra el grupo "Dios le debe a Hacienda", que ha utilizado redes sociales y foros públicos para analizar las responsabilidades fiscales condonadas o eliminadas para favorecer intereses económicos divinos. 16 Si las Iglesias le deben tributaciones al gobierno, como todos los demás habitantes, pero se les levanta esa posibilidad y levita por gracia del gobierno el peso de las deudas de las iglesias, el carácter fiscal impositivo de la democracia se subvierte. El "perdón" de esa deuda constata privilegios. Condonar a unos es condenar a otros. En el poder que ostentan se identifica el resultado de una compra de favores, del posicionamiento acomodaticio de sus fichas de futuro, de la verbalización insólita de un anverso que los constituye: la carne hecha verbo.

•••

Las iglesias no solo pagan las cuentas del alma y los gobiernos no solo perdonan sus deudas. Las fuerzas se encuentran en la calle, en los medios, y la secularizacion del país se convierte un "proyecto político" que rebasa el binarismo iglesia-estado cuando el ruido instigador de los divinos rebeldes logra crear una nueva sociedad del tabernáculo. Una profusión de mercaderes (pastores-celebridades) triunfan con la receta del *"supply-side thinking"*: la oferta de consumo sostenido que, a través de lugares para la diversión de sus fieles hasta estabecimientos de comida, estaciones de radio y televisión - es provisto por el consorcio que gobierna realmente sus vidas: el "mercado espiritual".[17] Este espiral de ofrecimientos diseñado para constituir una sociedad comercial semi-cerrada complica el balance y la separación postulados, y manufactura ruidos centrífugos que escapan la ley y rebasan sus límites. El deseo de encontrar un secularismo operante provoca un exceso de relaciones muchas veces inoperantes. *"[A]lthough the state and the law are central to the discourse of secularism, secularism is not reducible to doctrines like that of the separation of church and state. Rather, secularism works across other institutional sites like that of the mainstream media, civil life and ceremony, and the market".*[18]

En las iglesias también hay carne hecha polvo, nalgas que escapan a sus responsabilidades, falta de brío y de bridas, y mercados que fracasan con su exceso de oferta. El gran imperio de la economía divina de la Iglesia Fuente de Agua Viva, Inc. se desplomó en octubre de 2012, cuando la corporación se acogió al capítulo 11 de la Ley de Quiebra. El patriarca del imperio, el Rev. Rodolfo Font -ya exiliado en Texas, divorciado y habiéndose casado con la que una vez fue su secretaria, en escándolo ruidoso- veía cómo su hijo -Otoniel Font, heredero del imperio terrenal- se allanaba a la realidad cuando el Banco Popular cobraba las deudas contraídas por $15,733, 372. La deuda que amenazaba el imperio religioso y Torre de Oración en Carolina, los museos, el colegio, las tiendas, la pista de patinaje, la estación de televisión y las transmisiones televisivas pagadas con el diezmo y las contribuciones de feligreses y celebridades se consideró rentable hasta que hubo que ponerla en oración. "Luego de mucha oración, luego de mucho análisis", según Otoniel Font, se acoge la Iglesia a la Ley de Quiebra para reestructurar las deudas, para brindarle un respiro hasta que el panorama económico mejore. [17] El ruido de la quiebra del imperio fontiano espera en oración su regeneración, al igual que los políticos que la visitaban en sus momentos de gloria, acogiéndose acomodaticiamente a sus designios.

¿Dónde están todos esos políticos ahora? ¿Esperando a la Divinidad como se espera a Godot? Todd Gitlin, en su libro Intellectuals and the Flag, alega que los estadounidenses huyen de eso que se supone que salven. Dice más, dice que los patriotas verdaderos no se conformarían con contestarle al consenso truculento con el rechazo truculento. They would not take pride in their marginality.18 Es muy tarde ya. Ya los políticos puertorriqueños son el margen divino que se esfuma y el polvo que se esparce, a conveniencia, truculentamente. Ya los líderes religiosos prueban los movimientos peligrosos de los easy chairs capitolinos desde los cantos y las ruinas de sus templos e iglesias. Hay que repensar el contenido de esa inevitabilidad.

7.

DETONACIONES: SONIDO IMPRESO

Yo llegué el mismo viernes que comenzó. Llegué para quedarme los tres días que duraba el festival. Llegué con mi melena y mis blue jeans. Llegué sin mochila ni tienda de campaña. Llegué sin hash ni kif. Llegué con dinero para comprar L.S.D. Llegué sin flauta ni guitarra. Llegué en autobús desde San Juan. Llegué con una camisa azul de manga larga. Llegué en sandalias de cuero. Llegué con una bota española llena de vino colgada al hombro. Llegué esperando conseguir una buena posición cerca del escenario. Llegué sonriéndoles a las chicas rubias.
Llegué a las seis de la tarde a Vega Baja.

- Manuel Abreu Adorno, "Llegaron los hippies"

Woodstock created the cosmic scale rock festival, Altamont butchered it and Mar y Sol may have killed it.

- TIME, 14 de abril de 1972

Por $149, la promesa de tres días entre las ondas embrujadoras de *Procol Harum, Blood, Sweat and Tears* y *Alice Cooper,* y un fin de semana nada santo, unas 30 mil personas llegaron a Vega Baja en Semana Santa en abril de 1972 para estremecerse con mar, sol, música y muerte. El FESTIVAL DE MAR Y SOL –se pensó– sería el momento de pertenencia/importación de la actividad sónica contracultural que pondría a la Isla en el mapa, el big time de esa década. Mar y Sol

-una réplica a escala de Woodstock, un *aftershock* de lo más importante del sonido estadounidense, tomado como afrenta nacional/cultural/político/religiosa por las autoridades puertorriqueñas- comenzó en el día señalado solamente porque un juez falló a favor de que los organizadores le ofrecieran el gusto de la música a los miles que ya estaba en la Isla. El festival fue posible, y durante la duración de la música en la playa, se sobrepasó cualquier expectativa: un asesinato, tres ahogados (dos de ellos puertorriqueños) y una mención como el lugar que mató los deseos comunales en el obituario de los grandes festivales cósmicos de la nación estadounidense.

MAR Y SOL sobrevive en YouTube y en las memorias nubladas y fugaces de sus asistentes. Como evento, también logró una mención en las noticias más notables del siglo XX en la edición especial de El Nuevo Día, "100 años de noticias", en la página 14, prueba de que la ruidosa invasión musical y física generó más tinta y más palabras que otros eventos que transformaron más fundamentalmente el país que un festival de tres días al lado de la playa.[1] Fue, como ha definido Hillel Schwartz, el poder metafórico del ruido, del ruido no querido, no esperado, lo que lo catapulta hacia su inmortalidad.

Su memoria en la página 14, en el aleatorio orden de esos 100 años de noticias, lo coloca dos páginas antes del Cerro Maravilla, doce antes de la aprobación de la Ley Foraker en 1900, cinco páginas antes de la visita del Papa Juan Pablo II, seis antes del fuego en el Dupont Plaza.

Y esos tres días de música -con un joven Billy Joel y un Black Sabbath en el Sábado de Gloria como parte del ofrecimiento- se esperaron por políticos y periodistas y una gran porción de los habitantes de la isla como ruido innecesario, ruido inconveniente, ruido metafórico, y fueron reseñados luego como ruido sangriento. La música, al margen de los titulares, se esfumó en otro ejemplo de la necesidad de jerarquizar: el marco de la cultura política/religiosa de la isla opacaba el tapiz visceral de la ejecución.

La impresión de su ruido visceral sobrevive ante todo en la literatura. Fue, sin embargo, su impresión tumultuosa en la sociedad de ese momento la que terminó por despegarlo de las impresiones futuras y de la memoria. Fue la sospecha y la espera del ruido lo que se vertía en la prensa antes de que se celebrara el Festival, y fue el escándalo socio-cultural el que se publicitó después. Quedó poco espacio y poca intención para descubrir, describir y resenar los verdaderos sinidos musicales que por allí desfilaron.

Mientras la prensa acogía y sopesaba las repercusiones de la llegada del exceso sonoro a Vega Baja, la historia de este evento sociomusical sería relatada y archivada con mucha más consecuencia e ironía en la literatura. En *La mirada,* René Marqués ya vestía y sonorizaba de extranezas a los visitantes que llegaban a la isla en busca de una vida de libertad y música y sexualidad y desnudez. En *Llegaron los hippies,* Manuel Abreu Adorno magistra con las capas de un movimiento hacia ese misterio sonoro en una narración en primera persona de ese momento mágico. Ya el acto de haber llegado, de irrumpir con la osadía de conformar a su imagen y musicanza las playas de un Caribe portoricensis que les prestaba el mar y el sol de su himno borinqueño y que estaba de fiesta con el nombre escogido porque una Marisol autóctona había ganado el concurso de *Miss Universe* dos años antes. Esta fiesta gestada en Atlanta por Alex Cooley se fabricó como un movimiento cuaisísmico en la prensa local e internacional, y aterrizó en la literatura como una impresión de un nuevo comienzo, la implosión de lo desconocido.

> Llegaron y los habitantes del pueblo los miraron
> con extrañeza. Llegaron y las pequeñas tienditas
> se vieron invadidas en seguida. Llegaron y los
> ancianos se escondieron en sus casas. Llegaron
> y las niñitas al verlos reían tapándose la boca
> con la mano. Llegaron y en la plaza del pueblo
> todos comentaban sobre los intrusos.[2]

La intrusión perpetrada hizo del festival una ocasión de exclusión. Si los ruidos y la música y la mayoría de los asistentes comportaban acentos extranjeros y comportamientos osados y desnudeces, el filo político del mar y el sol puertorriqueños podía ser explotado como el anfitrión que buscaba una oportunidad en el marco del espectáculo. El sonido se visualizaba como gran oportunidad de protagonizar algo, de llegar a hacer realidad una oportunidad microhistórica convocada por la promesa de que el sonido, de alguna forma, quedara impreso en la memoria. *"One participates in a pop festival only to be totally reduced to the role of an extra in the record or film that finances it".*[3]

Pero no. Ni esa posibilidad de pervivir filmado se cumplía en MAR Y SOL, que culminó en fractura de sueños y en sangre en la costa final de las ilusiones.

Fue el mar y sol donde las libertades de los años 1960 vinieron a morir, la nostalgia instantánea de una época que había llegado tarde y se recreaba para consumo, una visión ajada de las ilusiones sesentitas. Barry Kramer, uno de los organizadores, confesó que la fiesta tropical que se había planificado se sintió como un retroceso, una curiosa anacronía: *"More than once during the three days, in fact we were to feel like a yellowing photograph in Life magazine; a living theatre re-enactment of hippiedom 1968 for curious Puerto Ricans."* [4]

La publicidad y los flyers de MAR Y SOL y el afiche original reproducían la aviesa y traviesa inocencia de un convite comercial que reflejaba una época de posibilidades culturales y libertades. Tres palabras en tipografía típica de la década del 1960 (redondeadas letras irregulares con el pulso de algún movimiento por venir) en un idioma que no era el inglés: la venta de un paraíso que el sonido convocaba, con toda la promesa del exotismo de un paraje de libertad que no era tal. Eso sí queda. La promesa del sonido grabada en ese papel, en los afiches que sobreviven, ya despapelados, en la virtualidad de un deseo alargado.

Y el deseo de que el ruido de MAR Y SOL no llegara a la isla también se alargó. La batalla legal para eliminar la invasión sónica, cultural y política contemplaba la alegada anti–puertorriqueñidad del evento. Meses antes de la planeada "invasión", el periódico *El Imparcial* señalaba en su titular de portada del 29 de octubre de 1971 *"Esperan de 50 a 100 mil hippies en festival de rock de Vega Baja".* El ruido de la oposición llegaba de las más altas esferas ("El entonces secretario de Justicia, Wallace González Oliver afirmó que el espectáculo era "denigrante e insultante a nuestra comunidad eminentemente cristiana"[5]). Finalmente, un día antes del comienzo de la fiesta -el 30 de marzo de 1972- el juez José Rivera Barreras permitió la celebración. El desespero de la espera se materializó en tragedia inesperada. Al final del espectáculo, según los titulares, la historia era simple, y vacía de sonido. Era todo escándalo: Un "Festival de sangre", "439 acres de inmoralidad".[6]

El papel del sonido ya era la ilusión apapelada de su imaginación. En las portadas de los periódicos que narraron el nacimiento y casi natimuerte de Mar y Sol, todo era extranjero -cuerpo e idioma, sonido y carácter, moda y comportamiento. El papel del ruido que un festival causaba excedió las notas que se sucedieron. Se había hecho realidad el dictamen de un graffiti que apareció en una pared vegabajeña. *This is the last international pop festival. Cooley go home".*

•••

La ironía del sonido contemporáneo es que su soporte vital, su gancho, es y sigue siendo de papel. El papel precede al sonido, le añade dimensión y le roba un poco de su libertad, porque le asegura una imagen que no siempre posee, lo moldea, lo absorbe para materializarlo antes de que se experimente. Mucho más o mucho menos que publicidad necesaria, la visualidad del sonido se retrata y se diseña, y de la manera más portátil se evidencia en todas las tarjetas de 6 por 4 pulgadas, 5 por 9, 3 por 3 que se registan con la mirada en la ciudad, que llevan, invitan, convocan al sonido con regularidad, y son a la vez anuncio y pit stop: el papel como antesala. Ya hay una estetica de la anunciacion sonora: los flyers, la papelación de la musica es una distintiva recombinación de extrema visualidad. Paradójico, quizás, dada la expectación que produce la mirada ante el evento de papel que precede al evento sonoro anunciado -concierto, conferencia, festival- y cómo coloca al sonido como extensión de esa hoja y de las exigencias del diseño.

De ese papel que puede volar con cualquier viento propiciatorio se desprende una materialidad evanescente: el sonido impreso que se vuelca en los papeles de la literatura. Cada *flyer* es el anuncio de una novela no escrita, la sugerencia de que la literatura necesariamente no acogerá la presencia e insistencia del ruido porque es un presagio de la destrucción de la visualidad como regla cultural, como la antesala de algún desorden. Liliana Ramos-Collado plantea que la capacidad de acercar más de lo acostumbrado que posee el ruido también lo aleja de los placeres del papel y lo horroriza.

En la literatura, lo aural suele estar preterido a la escena ominosa, a un sentido narrativo de desasosiego de corte gótico, como emanación de lo desconocido y peligroso. El ruido se considera ataque, fractura de la paz, destructor de la armonía, sublevador de toda estabilidad, elemento de distracción que desluce lo que se ofrece a la mirada. Aviso de una otredad desconcertante, los ruidos de la ciudad en la novela suspenden en vilo al personaje que escruta con sus oídos los misterios de la ciudad. La ciudad, en general representada con el monstruo que niega o aplasta lo humano, tiene una banda sonora inhumana, que solo en ciertas ocasiones irónicas, puede retomar su humanidad... La mirada nos aleja: el ruido nos acerca.[7]

El ruido, además de acercar, marca e imprime. Puede llegar a ser fonografía e historia, ocultamiento en plena oscuridad. La mirada que acerca el ruido al ojo descubre las instancias en que la impresión es el único ruido posible, y también sirve como frontera fundamental del ruido. El ruido en un festival interno y eterno que rebota en la pared cuando la marca. Así que el ruido se plantea como cárcel, o liberación de ella, un evento que horroriza sensibilizando.

II. Ruido confinado

To write is to make oneself the echo of what cannot cease speaking - and since it cannot, in order to become its echo I have, in a way, to silence it. I bring to this incessant speech the decisiveness, the authority of my own silence.

- Maurice Blanchot

"El animal que somos no es necesariamente el que piensa, sino el que marca".

- Eduardo Lalo

La cárcel es un "inespacio", una estructurada animalización. Confina los ruidos a una estructura institucional, a concretar oraciones y gritos que las paredes succionan, pero no borran. El ruido se sofoca, confinado entre las paredes y entre las pieles. Hacer ruido no es lo mismo que dejarlo ver, ingresarlo en la pulsación de una prisión que se deja. Todo sonido que pretende eternizarse en una prisión es por obligación un sonido impreso, que se carga y se descarga en la gran pared de los comentarios, en la gran estación de los silencios. Desde esa propuesta de marginalidades y sensibilidades, Eduardo Lalo en El deseo del lápiz: castigo, urbanismo escritura fotografía y comenta las marcas (lor ruidos impresos) de las paredes de la prisión Oso Blanco –clausurada tras décadas de existencia en medio de la ciudad de San Juan– y cuya estructura es en sí un marcador: marca, se impone en la direccionalidad de la Autopista La Américas, como un enorme contenedor de ruidos que se registraron alguna vez –un rock festival sin música, erigido en paredes. Partiendo de que la literatura es festival perenne y papel concretado, y que no se oye ni se escucha a menos que se lea en voz alta, el proyecto publica para que sean leídas las inscripciones que dejaron los confinados marcadas en anonimidad. 8

En las celdas de Oso Blanco primaba el vapor que se cuela por las bocas cerradas y las manos abiertas. La posibilidad de hablar de lo que se necesita hablar se ve minada por las fronteras de la necesidad del otro de no escuchar, o fingir que no ha escuchado. "... La universal ley del silencio, que establece un orden férreo que impone en más de un sentido un empobrecimiento sensorial, creado tanto por la pérdida de la libertad de movimiento como por lo que se ve y se escucha pero debe callarse". 9

La posibilidad de callarse, sin embrago, es ejercitada en un ejercicio reversible: La necesidad de no callarse en la escritura, en la orden que se le da al que pasa por las paredes a leer y atender lo que se ha dejado como eco. "El preso pervive porque escribe, su existencia se prolonga al crear la posibilidad de ser leído. Hecha frecuentemente mucho después que la escritura, será el detrito de lo silenciado o excluido, tendrá por tanto que agrandar la marca -el fragmento de voz- para imaginar su significado".[10] Es ser escuchado más que ser leído el objetivo. Sirve entonces de concreto pentagrama, de fuga cotidiana que se estrella consigo misma ante la sordera del entorno institucional. "En la cárcel el ruido - que es extremo- es una manifestación de la sordera. Nadie escucha porque para la autoridad nadie grita".[11]

Pero en el silencio que autoriza a marcar paredes, se grafían los sonidos y los ecos. Simula ser éste el resultado de la imposibilidad de callar tan admirada por Blanchot (*"To write is to make oneself the echo of what cannot cease speaking"*) y esa autoridad que confiere la única comunicación posible (*"the authority of my own silence"*). En la marca en la pared, entonces, se protege el silencio mientras se practica el grito. "El preso pervive porque "escribe"; su existencia se prolonga al crear la posibilidad de ser 'leído'. La lectura es una práctica arqueológica. Hecha frecuentemente mucho después que la escritura, será el detrito de lo silenciado o excluido, tendrá por tanto que 'agrandar' la marca - el fragmento de voz - para imaginar su significado".[12]

De los fragmentos de voces que Lalo rescata para agrandar la marca e imaginar, los tropos visuales del deseo, el sexo, la religión y el patriotismo componen el cuarteto mágico por donde se escapa, en esos gritos marcados, el volumen de la soledad. Y Lalo recalca que la cárcel, como museo de voces, excluye la visión: "(La cárcel es el único museo en el que no se debe ver)"[13].

El paréntesis de Lalo (pausa, descanso, prohibición) asume su opuesto: tampoco en la cárcel se debe escuchar, pero todo se habla. Hay maneras de ver lo que se escucha, y ver cómo se escucha. Las paredes expuestas obligan al cronista a apresurarse a re-grabar, a re-marcar, a sostener los gritos en las fotografías que se escuchan en el libro. Se escucha entonces lo que no debió existor ni salir de los confinas de la pared. "[L]os grafiti de las celdas del Oso Blanco son un escollo que no debio existir en una ininterrumpida cinta discursiva".[14] En la cinta audiodiscursiva que se levanta de la detonación del Oso Blanco, las fotos de Lalo recogen lo que se puede imaginar (El Morro, la bandera, las palmeras, las mujeres desnudas, el sexo deseado), pero también la imagen de un hombre con pava y parcho en un ojo, misteriosamente parecido a Abraham Lincoln, con rifle en mano y la leyenda "EL MUNDO ES MIO", y otra registro de un avión que desde el cielo de una pared de la cárcel vuela hasta su destino, en libertad. En una foto de una lista de reglas de convivencia, se puede leer, borrosa pero con su poder intacto, esta máxima: "Debes respetar el silencio, nota excepto la palabra defiéndela..."

Si la voz es la frontera inexplorada de los presos, la lectura de las palabras impresas en paredes intenta la descripción de esas voces que defienden la palabra fente al silencio. La voz del prisionero es una doble frontera (voz y marca) que se alza desde adentro a un afuera que no se mantuvo afuera, *as if the voice were the very epitome of a society that we carry with us and cannot get away from*.[15]

La práctica y forma de ese adentro que se empuja hacia afuera, pero que termina marcado en las paredes, demuestra la fuerza de un "estilo avocal"que Lalo describe cuando traza los modos de enunciación que esos lápices sobre concreto.[16] Es la voz que ahí se registra lo que marca y se convierte en lugar: el sonido concreto de los recuerdos y las esperanzas decora y devuelve la voz. Es la memoria que brota y el memorial que se expone, antes de que puedan ser olvidados. Quizás por eso se pregunta al final Lalo, sometiendo su empresa audiovisual/descriptiva a los vaivenes del entra-y-sale de esas paredes.: "Se puede acceder a un 'lugar' del que se regresa sin memoria?"[17]

•••

Elizabeth Travassos ha estudiado la "hiperestesia auditiva", la necesidad de describir las voces de otros, a través de Marcel, el protagonista de En busca del tiempo perdido de Proust.[18] Marcel, descrito por sus amigos, es una máquina descriptiva de sonoridades. Con Marcel, Proust extrema su descripción de las voces de otros en todos los tiempos perdidos. Es la descripción de la voz, más que lo que la voz intenta comunicar, lo que Marcel persigue. Es la voz, nada más, lo que marca, con o sin intencionalidad, el tiempo perdido de Proust y también el tiempo pedido desde el tiempo perdido de las senales de humo marcadas en cemento del Oso Blanco. Desde el lápiz hasta el oído, lo que marca es la marca misma -la detección y descripción de una voz que no se escucha

La vuelta del sonido impreso o marcado, con el soporte de algo más que su evanescencia, revive la del sonido como objeto, de sus "cualidades inhumanas".[19] Su relación con la concretez, la tangibilidad, la temporalidad -la nueva autoridad de la anacronía. Se evidencia en el romace, casi ilícito y decididamente anacrónico, con el vinilo de las bandas musicales contemporáneas: el deseo de recuperar el objeto perdido que porta el sonido.

•••

El artista albanés Anri Sala, en su Intervista (*Finding the Words*) (1986) propone la búsqueda del tiempo y el sentido de los sonidos perdidos. En la cinta, la voz y la memoria se han desconectado. Sala encuentra una antigua cinta en blanco y negro de su madre pronunciando un discurso frente a la Alianza de la Juventud Comunista de Albania en 1977. Ahí está su madre, frente a la Juventud Comunista que presidia. El secreto descubierto no tiene audio. Es la búsqueda de esa voz, al menos de sus palabras, la que propulsa al director a recapturar de alguna forma el sonido perdido. Sin copias de la cinta audiofónica, Sala recurre a una escuela para sordos, y produce con su ayuda una transcripción producida por lip readers [lectores de labios] para restaurar el mensaje de su madre.

De la lectura de labios, transcripcion de palabras, hasta la confrontacion con su madre y el resultado: ella no reconoce las palabras, sus palabras, como suyas. La memoria después de un nuevo pais, nuevos idiomas, viejas rupturas, esa banda sonora reconstruida de su discurso le es extrana y extranjera. En su oralidad perdida hay una identidad trastocada, una doble ecuación - la silente y la sonora. No es la recuperación de las palabras enunciadas lo que busca su memoria, sino el reacomodo de las palabras en la memoria. La voz de la madre presente niega las palabras del pasado, que se han perdido como sonido, y como sonido no existen. Sonido perdido y memoria dislocada.

En la película de Sala se observa la aviesa relación de las comunidades de sonidos que se pierden en la memoria, que deciden perderse, que se rechazan. Cómo se disena el sonido para que se ajuste a la ideología? El sonido emitido pero no pensado. El sonido pensado solo luego de haberse emitido. La pena y la verguenza por su emisión es un sentimiento sentido hasta cuando se pierde la memoria de su emisión

III. Silencios concretos

Desde afuera, la música, las voces, marcan internamente otras memorias boricuas desde el sonido que las detona. Un domingo de salsa gorda, salsa de la vieja por Salsoul. Lalo Rodríguez y Frankie Ruiz y Héctor Lavoe cantan y recantan para sonidificar (y solidificar) el éxtasis de una banda sentimental que dejó intacta la película de los 80, ese manjar que se repite en otra edición del periódico infinito del ayer. Gorda y vieja es esa salsa que se escucha este domingo, en contraposición a la joven y flaca salsa actual que se cerciora de sobrevivir débilmente en el gueto del gusto, la salsa flaca y joven que ha sido exilada antes de tiempo a la tinaja de los desechos.

El DJ de la voz golosa jacarandea, intenta interactuar con sus oyentes, quiere más que oídos abiertos - quiere escuchar a sus escuchas. Se inspira, se la saca de la manga, y dispara la pregunta con sublime impostación: "¿Qué programa de televisión te gustaría volver a ver?" Con deleite, los salseros contestan y sonean sus sueños con prístinas memorias y nostalgioso contenido. El FBI con Efrem Zimbalist, Jr., La Isla de Gilligan, Hawaii 5-0, Mi bella genio. Por horas, los salseros que hasta el momento de la pregunta habían saboreado el pasado cortado en lascas musicales se dedican a hablar de la televisión en blanco y negro y en inglés, memoria de ese período televisivo en la Isla en el que se podía ver un programa en español por televisión, o bajar el volumen y encender su transmisión simultánea en inglés por la radio. No hablaban de Jaja, jiji, jojo con Agrelot, ni de Esto no tiene nombre, ni de En casa de Juanma y Wiwi. Hubiera dado igual. Solo exploraban los contornos ansiosos de una nostalgia indolente, antivital quizás.

La vivisección del pasado, redonda y rotunda, provocó que se saltara de la auralidad a la visualidad nostálgica. De hecho, en el fondo lo que se escuchaba en la voz de los salseros era un fibrosamente ensayado y musculosamente reiterado cansancio del presente. Todos los oyentes confirmaban la sospecha del tedio que se siente frente a la propuesta visual contemporánea. Por eso, ese domingo estaban viendo radio y viendo en la radio la posibilidad de acceder a lo que vieron en algún momento en la televisión. Quizás también por eso era tan fácil atravesar el espacio que proponía la vieja salsa acondicionada y llegar hasta las antiguas series estadounidenses.

Sí. La nostalgia que conmina, contamina. Es dormilona, pero cuando despierta estalla y acapara - hace ruido. Se convierte en queja. Y así, el primer día de la semana se lanzaba como quien no quiere la cosa, una batlla contra el presente aural y visual, un perfecto ejercicio que ponía al relieve las lealtades invisibles a las memorias intocables por la radio, pero muy tocables a través de ella.

•••

Las memorias intocables por la radio también son hechas de sonido imaginado.

Capturar el movimiento de la música en papel, el sonido interno impreso en papel: ese fue el triunfo anónimo de un "cantante" conocido como Mingering Mike. Fue un DJ/ investigador el que se acercó una manana a un mercado de pulgas en Washington, D.C. en busca de discos antiguos. Entre las carátulas que llamaron su atención encuentra una particularmente única. Así comienza para Dori Hadar el descubrimiento del mejor cantante/compositor que nunca fue. Es más, todavía su nombre no es conocido, aunque sea reconocido.

Ya Hadar ha escrito su biografía, se ha completado su discografía y hasta el arte de sus discos se exhibe para consumo internacional. 20 Después de más de 50 LPs "manufacturados" en solamente una década, Minging Mike ya era uno de los más prolíficos cantantes de los 60s y 70s, admirador de Elvis Presley y James Brown, además de saberse ungido por la fama y poseído por el delirio de construcción. Su triunfo, sin haber cantado una nota, precisamente fue la arquitectura de su productivo delirio: la materialidad de su fantasía.

Mike era el manejador, compositor, disenador de carrera de un catálogo de artistas (*Audio Andre, Joseph*

War, The Outsiders, Rambling Ralph) que grababan para las más exitosas -e imaginarias- disqueras: *Spooky Records, Fake Records, Mercy Records, Decision Records, Goldpot Records.* No grababa a sus artistas imaginarios en sus disqueras imaginarias; les manufacturaba discos de cartón. *"Everything was made by hand, aside from the cellophane, which he removed from real albums and pulled over his own. The call numbers that he wrote on the spine and covers of the albums were the actual dates that he started working on the albums".*[21]

Los LPs que manufacturaba artesanalmente, en cartón en vez de pasta, no podían escucharse en tocadisco alguno, pero eran copias lo más exactas posibles de ese objeto que se consideraba como la fuente del sonido. Desde las tapas en colores hasta las notas sobre las canciones y el plástico que cubría los antiguos LPs , todo falso y todo perfecto, todo diseñado por el artista/cantante, y todo circunscrito al disfrute de su círculo más allegado - familia, amigos. El vinilo de cartón dentro de la tapa de cartón llevaba impreso el sonido: las hendiduras que se marcaban en el vinilo estaban cuidadosamente delineadas, para que se creyera al menos en la posibilidad de que el cartón emitiera sonidos. En eso estribaba la precisión de su empresa -en la correspondencia extrema de la imaginación de un sonido y su impresión: *"I thought about putting old beat-up records inside of [the covers] and transposing my own labels on top of those, but then that wouldn't work because the bands on the record wouldn't correspond to the number of songs I had. So I decided to make my own".*[22]

La dilatada notoriedad que le llega ya adulto, a través de la materialidad de un libro que narra la maravilla de su construcción artística, es el triunfo del sonido impreso, que llega a revocar el silencio con el papel, con la circularidad de los discos, el cartón de los discos, las hendiduras dibujadas de los discos, con el marcador material que detona el sonido que nunca hizo.

El sonido que sí se hace también se inscribe en el silencio. El sonido del salsero Ismael Rivera - quien pidió en vida que en Puerto Rico nunca perdiera la clave - es la clave simbólica del trabajo del artista José "Tony" Cruz, quien replica de cierta forma la gesta de Mingering Mike, pero esta vez silenciando la música e imprimiendo el sonido emocional en papeles que no son tan solo papeles. Los "5 discos LP de Ismael Rivera impresos" de Cruz, 23 constan de eso mismo: la impresión del sonido sin el sonido, "impresiones a relieve de 5 LP (caras A y B)", de doce pulgadas de diámetro, de algunos de los LPs que sí sonaron, que también se exhiben las hendiduras que nunca serán tocadas por aguja alguna. La obra –visual recordatorio de lo que había en un disco, esta vez con una voz de referente- también descansa en la búsqueda etrena de las memorias intocables y llega para trazar el volumen del silencio detonado y del sonido defendido.

8.

DISTORSIÓN/ TURBULENCIA

Silence itself, in a place of worship, has its music. In a cloister or cathedral, space is measured by the ear: the sounds, voices and singing reverberate in an interplay analogous to that between the most basic sounds and tones; analogous also to the interplay set up when a reading voices breathes new life into a written text. Architectural volumes ensure a correlation between the rhythms that they entertain (gaits, ritual gestures, processions, parades, etc.) and their musical resonance. It is in this way, and at this level, in the non-visible, that bodies find one another.

- Henri Lefebvre, The Production of Space

Silence is not everything
It is half of everything.
Like a house.

- Kenneth Koch

There is noise in the subject, there is noise in the object. There is noise in the observed, there is noise in the observer.

- Michel Serres

Sus cuerpos se encontraron en las ondas de sonido, y era de esperarse que así fuera. El sonido -podría decirse- es más de la mitad de lo que son. A las 7:45 p.m. de un lunes de marzo de 2011, el hombre llegó a una catedral del ruido, al Coliseo José Miguel Agrelot en Hato Rey, buscando aprobación y vítores, pero nunca esperó tanto. A él no era al que habían acudido a ver, no había sido su convocatoria la respondida, y sin embargo la entrada del hombre a ver al otro hombre energizó la noche. La primera ovación del concierto fue a la presencia silente del hombre que había estado callado por un año y que volvía a decir. Venía a ver al otro, que después de callar decidió que también declararía. Las dos declaraciones - personales, políticas - como quiebres del silencio imantaban la audiencia que bienvino la sorpresa del dúo que no esperaban, y que anudaban en un espectáculo de sonido el resultado de haber sido construidos como criaturas del silencio.

"Hubo una resonancia entre el país que estaba allí reunido y yo", le dijo al periodista Rubén Sánchez en una entrevista Alejandro García Padilla, el hombre que fue a ver al otro, Ricky Martin, en concierto al Coliseo. Si un mes antes de esa noche el candidato ya había anunciado que estaba encontrando en su caminar "los latidos de la isla" en ruta a su candidatura a la gobernación de Puerto Rico, significaba entonces que su Tour del Silencio había terminado. Pero él estaba allí para escuchar y ver a otro hombre que comenzaba su *tour* de ruidos después de repetir incesamente que por tres años se había deicado a "escuchar sus propios latidos", y que en público y sin mediadores, con un tuit abrió las puertas de su sexualidad, que había sido en su silencio un grito a voces. La co-incidencia, co-existencia de los dos hombres que han sido la representación carnal de silencios y ruidos en la isla desbordó la catedral del espectáculo en Puerto Rico. El Coliseo sonó cuarenta minutos en una ovación mientras el candidato se movía de la parte trasera hasta su asiento para disfrutar del Coming Out Party de Ricky Martin. El concierto, parte de la gira "Música + Alma + Sexo", transmutaba en evento de aceptación del nuevo ruido sexuado del Ricky desnudo de "secretos", el *homecoming post-closet* y de la plácida heterosexualidad requerida del político: "Alejandro García Padilla, el virtual candidato a la gobernación por el Partido Popular Democrático, recibió ovaciones de pie al recorrer las gradas acompanado de su esposa Wilma Pastrana".[1] Dos silencios quebrados en ovación, poniendo pausa a los modos en que el silencio se utiliza políticamente, estratégicamente en la isla. Juntos, entre los gritos de esa noche, resonaban y producían su propio espacio, fuera de las críticas y condenas que encontraban afuera. Juntos, entre los gritos de esa noche, se encontraban el "embajador del diablo" y la "esperanza blanca" bajo el mismo techo, y sobre los dos se cernía una discusión pública: quién había sido, quién era todavía, y si podrían seguir siendo, la "voz cantante" en sus respectivos mundos

•••

"Above all we shy away from asking the crucial question: What distinguishes the heroic body of a media star from the unheroic bodies of the audience?"

- Boris Groys

La voz cantante se encuentra en el cuerpo que asume la posición exacta y comprometida entre el poder y la presumida pureza. La voz cantante es la que promete y seduce y convence y administra. La voz cantante, la que prima entre pares, es la que ha comprendido que el silencio existe para ser desnudado: para ser desnudado del silencio. Pero la desnudez es un estado inestable. Giorgio Agamben escribe sobre las voces que transparentan su piel, las voces que cantan y se desnudan, las voces que van desnudando al ritmo de su representación. Necesario era para cantar y descantarse el poseer, hasta el siglo XVI al menos, el registro de la voce bianca – la histriónica pureza con la que se viste de blanco la voz. Agamben recuerde que esa voz, candida y cándida, luego se convertía con el tiempo en la antítesis de la transparencia, al cambiar, al ser voces mutatae, voluble y sin gracia hasta el punto de su exclusión como "voz cantante".

Candida, or white, is the color of the linen clothing that the baptized receive after they have removed the clothes that symbolized sin and death... But already in the first century Quintilian uses the word candida to describe an attribute of the human voice...Thus, in the history of sacred music we see the attempt to ensure the persistence of the young voice by means of the castration of the choirboys (pueri cantores) before they have reached puberty. The "white voice is the cipher of this nostalgia for a lost, Edenic innocence -for something that, like prelapsarian nudity , we no longer understand"[2]

Mudar la voz del silencio al ruido, perdiendo la candidez, perdiendo la vestimenta del silencio, es desnudarse en la voz. La desnudez, insiste Agamben, es un evento, y por lo tanto, se podría considerar una antesala - nestable, inasible- a la celebridad. La voz cantante - a que contiene la cifra del estadio edénico- está desnuda porque no ha cambiado su vestimenta; no se ha colocado, como las voces mutatae, una muda de ropa sobre la garganta. Retiene la gracia de lo antinatural, pues es una excepción.

In our culture one of the consequences of this theological nexus that closely unites nature and grace, nudity and clothing, is that nudity is not actually a state but rather an event. Inasmuch as it is the obscure presupposition of the addition of a piece of clothing or the sudden result of its removal - an unexpected gift or an unexpected loss - nudity belongs to time and history, not to being and form. We can therefore only experience nudity as a denudation and a baring, never as a form of stable possession. At any rate, it is difficult to grasp and impossible to hold on to. [3]

La desnudez, por tanto, hay que repetirla, al igual que las declaraciones, las canciones y las promesas. Buscar establilidad en la desnudez (en el decir palabras, en confesarse) supone la constante repetición de un rito consciente de oralidad sugestiva. Desnudados de algunos de sus silencios - ahí, frente al público - ese evento en el Coliseo José Miguel Agrelot les proporcionaba a los dos hombres que habían representado el silencio mismo en Puerto Rico (Martin y García Padilla) la oportunidad de ser audio vivo, audio inmediato, hasta *audio kinky* frente a la audiencia, de volver a sus ruidos sin que se les preguntara por qué. Era la oportunidad de volver a sonarse y ver cuán cantantes eran sus voces.

Pero volver después de largos períodos de silencio, si no es con la frente marchita, casi siempre es con un moretón en el ojo o en la honra. En un cuadrilátero más vasto, el regreso al ruedo político a intentar las mismas cosas –recuperar el poder o mantenerlo– se da con la mirada febril y la mente aferrada a una unidad ya imposible. Casi siempre se regresa como el Vizconde de Terralba delineado por Italo Calvino, el vizconde demediado, partido por la mitad por un cañonazo en batalla. Las mitades sobreviven, regresan y actúan de forma independiente. Hay una mitad benigna y otra mitad maligna, pero Calvino advierte que las dos mitades del vizconde "eran igualmente insoportables": ruido y silencio. Y en ese tránsito las dos estrellas de la noche se vestían de sus "cuerpos de estrellas" insoportables por irresistibles. Y ahí la pregunta de Boris Groys (*"What distinguishes the heroic body of a media star from the unheroic bodies of the audience?"* [4]) se contesta sola: La diferencia estriba en su irresistibilidad ante la irritabilidad, en la certeza de que en algún momento será un furioso escándalo andante.

•••

Tanto la voz como el cuerpo buscan la claridad de alguna otra voz que los acoja como audio – que describa el cuerpo y la voz que de él sale – y que le otorgue la gloria o la fama o la victoria que buscan. Agamben también considera la aparición del "cuerpo glorioso" de los que resuscitan en el paraíso, su brillo, la santidad celestial, que está apartada – pero no vedada – de la celebridad terrenal y de la claridad que se espera en los cuerpos deseados.

> Clarity (claritas) can be thought of in two ways: like the shimmer of gold (due to its intensity) or like the splendor of crystal (because of its transparency). According to Gregory the Great, the bodies of the blessed possess clarity in both senses: they are diaphanous like a crystal and impervious to light like gold. It is this halo of light, which emanates from the glorious body, that can be perceived by the nonglorious body, and its splendor can differ according to the quality of the blessed. The greater or lesser clarity of the halo is only the outermost index of the individual differences between the glorious bodies. [5]

El esplendor, la aureola, la claridad: intensidad y transparencia colocadas al centro de la mirada, y dentro del oído del que escucha que, al escuchar, desarrolla apetencias para los esplendores prometidos y un sistema de detecciones para las claridades de las aureolas de las supuestas estrellas terrenales.

•••

Las estrellas (artísticas, políticas) en reposo y en silencio amenazan el balance y el volumen de sus escándalos, como si el silencio fuera una falta de interés, de intención, de inteligencia. ¿Desde cuándo es el silencio carencia de sustancia? La tensa relación entre el silencio y la sustancia/pureza no se resuelve con el ruido que los seres hagan tras su mudez, y el silencio que pre-existe alrededor de ellos insiste en definirlos. Es un silencio glorioso, porque se habla de él. Es el silencio de la belleza (y aquí racializada en ambos casos: la belleza "blanca" puertorriqueña con la que se accede más fácilmente a la celebridad artística o política) que se recibe, se resuelve y se disuelve de formas diferentes. Los silencios permitidos tienen que ver con el ruido que los escogidos (the anointed, the chosen) hayan hecho antes de su lapso verbal, de sus reposos. Y como en las leyes de Omerta -el famoso código de silencio siciliano- todo silencio es escandaloso cuando el ruido lo sucede.

Tras sus respectivos silencios (definidos públicamente como callar las cosas que tenían o debían decir, o las que ya todos sabían), Martin y García Padilla pretendían "romper" sus "silencios" en 2011. Pero nunca se rompe el silencio. "Romper el silencio", como frase hecha, esconde la secuencia de barreras que se encuentran después de ese alegado quiebre del silencio, los trámites para lograr que la voz se mantenga activa, deseada, frente a un público que no carece de oportunidades para otros deseos.

Ricky Martin en 1999 quebró una barrera de sonido. Su éxito *"Living la vida loca",* que lo dio a conocer en Estados Unidos y el mundo, fue el primer disco grabado con el sistema ProTools, que limpiaba y magnificaba y subsanaba la voz que grababa. ProTools contaminaba con pureza tecnológica la poluta voz que mutada salía de la garganta, y así el sistema comercial que gobierna la música le daba cabida a un boy wonder que se había entrenado para eso. Las cuerdas vocales de Martin encontraron un benévolo sistema que lo catapultó al star system mundial, desde el origen menudo de su voz hasta la proyección prístina que la máquina grabadora y la maquinaria publicitaria le legaban. La voz llegaría a ser "la voz cantante" con un disco que, aunque histórico a causa de su hechura técnica, ponía en evidencia la debildad intrínseca de la voz que lo grababa.

> [M]any technical landmarks are aesthetic mediocrities—Ricky Martin's "Livin' la Vida Loca" (1999), for instance, which was the first number one single produced entirely with Pro Tools. This program is the most popular example of the current standard for music production: computer-based systems that replicate all the knob-studded hardware of a traditional studio. Pro Tools, which [Greg] Milner [in Perfecting Sound Forever] aptly likens to a "word processor" for sound, makes it easy to polish songs to inhuman perfection.

Since it processes digitally, a single note or an entire verse can be tweaked, shifted, or multiplied instantly with no loss of quality. If a singer's phrasing is clumsy, syllables can be nudged further apart with a mouse click. [6]

En 2011, trece años después de instalarse en el ruido perpetuo de la fama, sin tener que probar que su voz cantaba o no cantaba o cómo sonaba, y a través del escándalo sónico que provoca un mudo mensaje en Twitter, Martin anunciaba un secreto a voces –su homosexualidad– y a través de la tecnología comunicativa, esta vez sin sistemas correctores de grabación, conseguía revitalizar sus cuerdas vocales y tramitarse otra voz, de nuevo, en otra etapa de su carrera.

Para el mismo tiempo las cuerdas vocales de Alejandro García Padilla parecían no encontrar hospitalidad en los oídos del otro. Su discurso –no basado en canciones sino en recitaciones de promesas y objeciones– se quedaba corto ante la expectativa pública de lo que debe ser una campana política para la gobernación. La editorialización de esa realidad en los periódicos del país insistía que su silencio era un escándalo, un cómodo escándalo de un incómodo silencio. El Nuevo Día aseguraba que García Padilla "tiene el deber de abandonar el área cómoda del silencio", catalogando ese silencio como un "ejercicio de oportunismo electoral" que lo lleva por una "pasarela insípida e inocua": "[E]l silencio como estrategia política para evitar controversias y desdibujar la imagen no corresponde con las características intrínsecas de un hombre de Estado".[7]

El silencio como acto político, entonces, era sometido a una simpleza polarizante: el sielncio como una maquinaria consciente que esquivar responsabilidades y oculta irresponsabilidades.

Pero cuando García Padilla hablaba ("García Padilla habla sobre su silencio"[8]), la respuesta era burlona: "MIRA QUIÉN HABLA", leía una portada de El Vocero de octubre 16, 2011. Ese era el afán de los medios de comunicación: infantilizar al candidato con referencias explícitas a la película *"Look Who's Talking"*, con la imposibilidad de transparencia y claridad. Unía en un solo cuerpo el silencio de Greta Garbo y la enunciación de un infante al que se le requiere que hable de las razones por las que ha callado. Se le calificaba como un candidato "encapsulado" que proyectaba hermetismo.

A García Padilla "lo deben poner a coger terapia del habla", alegaba el analista político Carlos Díaz-Olivo, mientras se mofaba de sus discursos[9], y detectaba en el candidato "gagueo, voz impostada, incoherencias".[10] Otros insistían que el silencio no es la sintonía apropiada para los sentimientos: "[Si] García Padilla estuviese en sintonía con lo que está pasando, ya estaría en la calle, siendo la voz de ese pueblo que está a punto de explotar".[11] La adjudicación de esa "desintonía" era una alianza con la incertidumbre que se explotaba en la prensa sobre su carrera politica; se esperaba entonces una palabra suya que bastara para devolverle el esplendor, la aureola, la claridad, la intensidad y transparencia. La duda que provoca el silencio triunfaba, pero se le recomendaba a los electores escuchas lo contrario - "Manténgase en sintonía": [12] sopesen el silencio y su repetición.

Pero su oído también estaba en juego. Para los detractores, era fácil definirlo como el candidato del audio interrumpido, de los oídos que no escuchaban y de los asesores fantasmas que le dirigían la lengua a distancia. Era fácil catalogarlo como el candidato del "audiotonter", luego de que las fotografías lo mostraran con un aditamento en su oido, y los rumores se esparcieron -el candidato García Padilla solo puede hablar y discursar gracias a un audioprompter que lo mantiene conectado a alguien que le cuenta los cuentos: un tonto del audio con audiotonter. Así entonces el candidato ni habla ni escucha; sus discursos, independientemente de la calidad, eran discursos dirigidos o dictados. También necesitaba ingenieros de sonidos o alguna versión del *Pro Tools* de Martin. Su alegado "sonidista" -Irving Faccio, su director de campaña- cae en el juego de los oídos: compra *noise cancellators* idénticos a los que el candidato utilizaba en las fotografías para regalarlos a periodistas y conductores de programas radiales mañaneros como *"El circo"*, y los entrega personalmente en algunos casos para que constataran que era solo un noise cancellator para balancear oidos y volumen, para no "distorsionar" la voz. Con el canditato, decía su manejador, no hay fabricación posible.

•••

Today we hear the ceaseless sound of leadership.

- Roderick P. Hart

Hay una receta que hasta los presidentes siguen: la fabricación de una constante de simpleza apalabrada que elimine la posibilidad de pensar, que haga el pensamiento innecesario para los oyentes. El músculo de la retórica, fatigado y en desuso, se debilita ante el pedido de manufacturar oraciones de la más absoluta simpleza, o implicarse en el silencio.

The flip side of president' anti-rhetorical posture is their enthusiastic advocacy of simplicity. We often think the latter to be benign because we fail to tease out the former and the undercurrent of anti-intellectualism accompanying it. Yet presidents have done more than ask for unadorned language; they have aggressively sought colloquial language. Truman, for instance, sought a "down home" touch to his speech; Nixon asked for "truck drivers' language; Reagan for "muscular workaday prose"; and Clinton's constant direction to his speechwriters was to "make it more talky." 13

Con esa coloquialidad como regla y ruta, con la administración del discurso anti-intelectual y los silencios oportunos, ¿qué cuerpo desnuda de silencio a qué otro cuerpo en la batalla por prevalecer políticamente? ¿En qué momento la estrella se desnuda de su posicionamiento, se convierte en el otro y , en su empresa, arriesga la posibilidad de volver a su estrellato?

El *sound bite* que representa y repite un candidato o celebridad se internaliza y, en muchos casos, se visualiza hasta como meme en las redes sociales: algo a lo que no se le exige palabras. La voz -fuera de la simpleza esperada- comienza a molestar. La voz que molesta es la voz que va más allá, que exige, o se queja.

Cuando García Padilla se aparta de su "silencio" y alega que fue objeto de una amenaza de muerte, la reacción es duda y rechazo a que la voz siga sonando. "Un forista... dijo estar convencido que el autor de la amenaza fue alguien que no soportaba más el tono de voz de García Padilla en su campana de radio..." [14] En la discusión del "tono sobre sustancia" de un candidato político, la duda sobre su "voz cantante" dentro de un "cuerpo glorioso" nunca cesa, y en el caso de García Padilla la opinión pública vacilaba en si buscaba simpleza o complejidad, inocencia o astucia, candidez o sofisticación. Lo que no estaba en duda era que, como apunta Serres, un sujeto que provoca ruido en discusión es objeto de ruido y de devoción: *"There is noise in the subject, there is noise in the object. There is noise in the observed, there is noise in the observer".* [15]

·· ·

Ricky Martin, al hablar sobre sus supuesto secretos, regresaba a la esfera pública como embajador del ruido del diablo, según sus detractores religiosos, que apostaban a la alianza de los ecuchas a la" ley divina" para asegurar que sus actos no son los de un cuerpo glorioso. En su canción "Basta ya", Martin parece repensar su largo pacto con el silencio y se lanza hacia el ruido que le sana: Acercándome hacia la verdad busco el modo de explicarle al mundo lo que ya no sé callar.... Basta ya de condenar la voz que llevo dentro y fingir que soy sincero... o ... En la historia de mi vida cada línea grita basta ya. Martin es, antes de su silencio y después, una práctica social habilitada por su posibilidad de entrar en cantos y en gritos al cuerpo de una mitología, en una práctica sociopolítica que agrada a algunos e irrita a otros. Es Martin una práctica de vaivén sonoro, que solo puede alcanzar desde los silencios que juega a su conveniencia. Y con Martin, se podría intentar lo que Phil Thomson llama, " *'defamiliarization' of silence"*: *"something like an exposé of its secret life in culture and politics. One might name this practice 'socio-sonics': a thinking of the social in relation to aspects of sound which can serve not just as metaphors, but as social practices in themselves".*

Nadie puede silenciar la socio-sónica una vez se instala en la manufactura de' ruido colectivo. La socio-sónica implica al ruido en la textura de la comunidad, que puede comenzar distorsionando voces o apurando definiciones sobre eso que se escucha o no se escucha. Esperar que un silencio se "quiebre" –como la prensa decía que se esperaba de Martin y García Padilla– es también crear un espacio de actividad definitoria donde los polos sónicos -silencio, sonido- sirven de marcadores artificiales para probar la definición manufacturada. Hablar del silencio o del ruido de otro se entiende también como reclamar protagonismo en ese espacio, "coger pon" con la voz cantante. Coger pon o no coger pon depende de cuán frecuente esté en los labios de otros el nombre del que se invoca. En el caso de Martin, su "quiebre de silencio" provocó que sus detractores religiosos irrumpieran en los ruido creados. Tras la admisión de Martin de su homosexualidad, y justo antes de que llegara a Puerto Rico para sus conciertos celebratorios, la pastora Wanda Rolón escribió a través de Twitter que Martin "pretende llevarlos [a los puertorriqueños] al mismo infierno, R.M., pues se ha proclamado su embajador.

Puerto Rico, despierta, todos a clamar al Señor".[16]

Con la distorsión de la realidad y la redefinición de una comunicación tecnológica, Rolón confirmaba que Martin, sónico y diseminado, en persona o Twitteado, antes o después de sus declaraciones, seguía siendo la voz cantante del estadio, y ella solo una replicante sonora. Martin, como objeto de los ruidos, ya podía no ser la voz candida, pero con su sonar retenía su cuerpo glorioso.

•••

Los dos hombres que fueron ovacionados en el Coliseo Roberto Clemente se encontraron nuevamente meses más tarde, sin ovaciones ni simpatías, en la muda tecnología Twitteriana que Martin prefiere para soltar su voz y crear ruidos que estima necesarios. El candidato había hablado ("El presidente del PPD, se expresó en contra de los matrimonios entre homosexuales, "El matrimonio es una figura que representa la unión entre un hombre y una mujer" [17]) , y el cantante - presenciando el performance de una voz que quería ser cantante- lanzaba su reclamo: quería menos silencio. En un tuit dirigido a García Padilla, el día del Grito de Lares de 2012, Martin alegaba que cuando García Padilla aclara no queda claro, poniendo en evidencia su resonancia interrumpida. Este era el mensaje: "Alejandro García Padilla (@agarciapadilla) sabemos que está en contra de la Resolución 99. Pero su "aclaración" sobre las expresiones que dió en contra del matrimonio del mismo sexo no son claras. ¿En realidad cuál es su postura?" [18]

El pulseo de los dos hombres que había comenzado en una catedral de sonido y que continuaba en las redes sociales - marcos reproductividad instantánea de los ruidos que se harán y las conversaciones que siguen - fue corto, pero el revuelo del ruido resultó medible: "De aproximadamente 1,001 tuits desde el 22 de sept a las 8 de la mañana al 23 de septiembre a las 8 de la mañana, a partir de las 11 de la noche y por 6 horas consecutivas, se registraron 627 menciones a Alejandro García Padilla sobre el requerimiento por Twitter que le hiciera Ricky Martin para que aclare su postura en relación a los matrimonios gay", expresó la fundadora de Monitor SN.[19]

El candidato ahora se veía forzado a tomar micrófono en mano. El cantante lo había puesto nuevamente frente a su audiencia. Pero el silencio después del reclamo se hacía necesario. Para cortar el ruido que se diseminó por las redes, el cantante canceló el rastro de su mensaje. Los escuchas esperaban respuesta, pero el candidato, sin aplausos y sin poder recorrer las gradas de auditorio alguno, en una entrevista se refirió a la sombra del sonido de la voz cantante que lo hacía responder. Sobre la sombra, solo dijo: "El la borró"[20]

•••

Silencio. Es la mitad de todo, escribió Frost. Es nada, sentenció John Cage, que lo produjo y supo que el silencio no es acústico. Es todo, narró Heinrich Boll en su cuento *Dr. Murke's Collected Silences*, en el que un ingeniero de radio ensambla los silencios que sobran del cuadriculado tiempo de su estación para escucharlos en sus noches, como si fueran la mejor compañía. El silencio no es ausencia para el que vive en el sonido. El pianista Jim Hall siempre ha insistido que fue el silencio lo que realmente hizo grande a Miles Davis. *"Miles could play silence better than he could play notes"*.

El silencio práctico no esta renido con el ruido, de la misma forma que, como ha reiterado el director de cine Lars Von Trier, lo invisible no es lo opuesto de visible, porque el espacio es más que eso. No se cancelan en un centro. Para William Gibson, su obra Agrippa sería el monumento al silencio construido de la tecnología. Su proyecto – un poema biográfico sobre el encuentro de un album con fotografías – sería un cassette que se autodestruiría después de haberlo escuchado. Solo quedaría el recuerdo de sus palabras y la memoria. Pero no habría cassette ni aurodestrucción – su poema se encuentra hasta en su página oficial en la Red. El experimento oral se convierte en recuerdo apalabrado a través de la tecnología. El sonido nunca intervino como finalidad, más bien existió como punto de partida y recuerdo: como fijeza, como el ruido que provocaría que se hablara de él.

El ruido y las palabras que se quedan fuera de la grabación, del performance, del movimiento planeado, siempre son otro punto de partida, parte del método de la coloquialidad, del afán de congraciarse. Como en un concierto en el que el cantante comienza su canción y dirige el micrófono luego hacia la audiencia, que comienza a ahogar la voz del cantante hasta que éste se dedica a escuchar a sus fanáticos. El que vinieron a escuchar ha dejado de hablar y de hacer; los que fueron a escuchar son los que alzan su voz.

Esta estrategia de escucha/replicante es una riesgosa política de desmaterialización del cuerpo.

Frente a un micrófono cualquiera, el político lanza sus palabras simples y los escuchas esperan por las palabras justas. Si no se materializan las palabras justas en los oídos que esperan, desaparece como "cuerpo glorioso" el interlocutor. Una instalación del artista Karlo Ibarra destaca lo que el tiempo logra frente al ruido y a la desaparición del que se escucha. Es resbalosa la espera, incesante el ruido, y materiales las consecuencias en la obra de Ibarra.

En su instalación Discursos (2009), el artista llenó con guineos un barril usado de una destilería de ron de Puerto Rico y, frente a éste, colocó un boom que sostenia un guineo para ser comido en lugar de un micrófono. Con un fondo de audio repetitivo que el artista grabó de los discursos políticos en los cierres de campaña electoral del 2008, los guineos se fueron pudriendo a la vez que la sala se llenaba de moscas. "El micrófono del político, sustituido por un guineo, volvía el discurso del cambio en uno resbaladizo, a la vez que convertía su figura en la de un mono". [21]

To speak or to remain silent, are they to sonority what to show or to hide are to visibility? What prosecution of meaning is thus hidden behind the prosecution of sound? Has remaining silent now become a discreet form of assent, of connivance, in the age of sonorization of images and all audiovisual icons? [esta es la oración qje sigue, pero a lo mejor se podría quitar: Have vocal machines' powers of enunciation gone as far as the denunciation of silence, of a silence that has turned into MUTISM?

- Paul Virilio

II. LIVING OUT LOUD

Es la compulsoriedad del grito en la prensa, en los titulares, en el discurso sobre el discurso la que se apresta a intensificar la relación de la isla con su sonido. No permitir titubeos, ni al contestar una pregunta ni al someterla. El ruido puertorriqueño crea un tempo propio, inaugura una periodicidad que se cumple solamente con la producción de sonidos, con sus modos anti-silenciantes, con su socio-sónica eterna. Jean-Luc Nancy desarrolla su teoría del escucha a través de una ecuación de ecos: El escucha escucha sometido a una presión o pulsión de nombrar y responder a la sonoridad, a cómo suena lo sonoro, a cuán sonoros son los sonidos. Dice que la sonoridad amplifica los espacios y los cuerpos en los que resuena, incluyendo el cuerpo humano y el sujeto que lo resuena. La sonoridad nunca es idéntica a sí misma, sino siempre participativa y compartida.

Si se está dentro del acto de escuchar, se puede escucha doblemente (*"We are inside the act of listening.*

We are here to listen to the listening" [22]) Así se intenta disolver la animosidad de los sonidos con la razón. Veit Erlman delimita en *Reason and Resonance* lo que llama la "animosidad íntima" entre esos téminos -razón y resonancia. [23] En esa tensión de razón y resonancia, los cuerpos siendo membráfonos humanos: a veces silbadores- con el silbo como lenguaje -a veces silbantes, árbitros de su propia resonancia, con la oralidad vuelta astucia. O necesidad. La imposibilidad de concebirse inaudible es la textura del país.

La canción más gritada de Puerto Rico en 2011 fue el éxito de Luis Fonsi, "Gritar". Cantaba Fonsi que "un nudo en la garganta / no se suelta si se aguanta" y la tautología bien rimada sostiene que la expulsión del grito, sancionada o no, repara cuando resuena. En su homenaje al grito bien dado y repetido, Fonsi anuncia que el grito es la libertad de su interior, su "desahogo", que "nadie firmó con su sangre una ley que te quite el derecho/ De pasar al frente y mostar los dientes soltando la voz en tu pecho". La canción se mantuvo en el primer lugar de preferencia radial el mes de junio y julio de 2011, capturando -aún sin proponérselo- el zeitgesit del momento. "Gritar y gritar y gritar / y cederle al coraje un lugar". La canción se recogió como punta de lanza para causas benéficas, himno de graduaciones, para romances en picada, para protestas sociales contra el gobierno, que había demostrado su coraje con la ira cívica que había propulsado marchas en contra de los intentos silenciadores del momento -la ley que quitaba, o al menos sancionaba, el derecho de soltar aire: "La Cámara de Representantes aprobó el viernes un proyecto de ley que enmienda el Código Penal para disponer una multa no menor de 1,000 dólares, ni mayor de 1,500 dólares, a quien sea encausado por delito de alteración a la paz en instalaciones públicas... El proyecto de la Cámara 2687 establece que si la persona no cuenta con los medios económicos para satisfacer la multa, improndrá una pena no menor de 20 días, ni mayor de 30." [24]

En la prensa, en sus citas y titulares, el grito aparece como índice de lo público/privado colectivo. Es el grito el hilo que se deshace, completo, desde las gragantas de las mujeres (*"Organizaciones feministas dan su grito de alerta", El Nuevo Dia, 14 julio 2011*) o en los anuncios políticos como el "Grite y patalee y diga lo que le dé la gana" del senador Eduardo Bhatia sobre su campana "Habla, pueblo, habla", que contraponía el ruido al intento de silenciar de la administración del Luis Fortuño.[25] Hay grito en contra de los planes energéticos en Florida, grito de los manifestantes de *Occupy Puerto Rico,* y hasta en las más íntimas y terribles noticias se recurre al grito: "Un hijo solo se le entrega a Dios y a grito limpio". [26]

Las gargantas son megáfonos. Las gargantas son silenciadores. Y el grito y el sonido proponen repensar la relación del país con el ruido. El 2 de enero de 2013, en su discurso de toma de posesión, el gobernador Alejandro García Padilla -después de su odisea sonora hasta La Fortaleza, de sus comentados silencios y sus criticados exabruptos, de su atípica banda sonora política- buscaba otras resonancias entre el país que estaba allí reunido y él: "Con ruido no se resuelven los problemas del país".

9.

BRUMORES

I. Carne en voz alta

Who will write the history of tears?

- Roland Barthes, A Lover's Discourse: Fragments

Cuando Barthes tiernamente pregunta quién escribirá la historia de las lágrimas, se intuye que el proceso no debería ser acometido por una persona que se encuentre llorando, ahogado por su propio ruido. Ni riendo tampoco. ¿Cómo puede un cuerpo controlar el discurso, la sintaxis y el volumen de su carne si ha preferido emprender su camino con la melancolía de un fabulador, repetirse, entregarse, trastocarse? Difícil. Extremadamente difícil. Imposible controlarlo todo. A un fabulador recurrente, la ciudad – y la historia – le ejerce el peso de un puño en la garganta, se lo traga, lo domina y hasta lo cuida porque le teme y lo atesora a la vez, necesita de sus hazañas, grandes y pequeñas, de su debilidad y de su osadía. La ciudad lo convierte en noticia, quiéralo o no. Y la periodicidad de la ciudad es constante: es el ritmo de la prensa, no la oscilación de la literatura. Así que la carne del fabulador termina como comienza en el ciclo de la ciudad: con el recurso de poner un nombre en un papel, el sexo, a veces sus señales, imprimir sus proezas y perezas, y enviarlo a ser vendido con las demás noticias por 45 centavos en el cruce de algún semáforo. Allí, en voz alta se le ofrece.

Queda estipulado: la mayor cantidad de literatura gay en la Isla la produce los periódicos. Es ficción garantizada con circulación garantizada de la tela que corta los deseos, o quizás es la no-ficción ficcionalizada de las páginas que buscan una excusa para soñarse otros, o de otra forma. Es un mundo cruel allá afuera de los marcos establecidos por la estructura -ya sostenible- de la inmediatez de las prensas, de la supercibernética velocidad. Es morbo, mas morbo enamorado de su capacidad publicitaria y su posibilidad estratégica y sus ruidos aledaños. Y, en respuesta a esas páginas diarias y esos ruidos radiales y esa tele que nos parió, hay que parar y ver si cuando se habla de literatura queer hablamos de pulpa de papel, de titulares, del tamarindo que se le empulpa a los lectores como noticia o si todo se queda en buscar presencias escondidas en las arquitecturas rituales de la noche y las estructuras conocidas del día a día, en la colectividad de la emoción en vez de la individualidad del personaje en cuestión, sea cual fuera ese personaje.

La reciente creación literaria queer en lo que se ha conocido como "the gayest little island in the Caribbean" lleva a considerar si son solo los espacios de la isla los que son secuestrados por la palabra o si al texto llega el tiempo/espacio de una creación que se mantiene al margen de las páginas de la literatura queer local: el cuerpo queer visto en tercera persona, desde una perspectiva autoral y no solo emocional. Son dos estrategias de pensar el cuerpo queer -paralelas- pero en un lado está el ojo que hurga (la prensa) y en el otro, en la literatura, el sentimiento que investiga. ¿Quién realmente podra escribir la historia de las lágrimas?

Parecería ser que para la literatura queer boricua, el sentido del espacio físico, de la alineación de estructuras que conforman la ciudad que casi se habita, o se intenta habitar, es más prevalente que el espacio de la carne. La buena noticia es que la geografía no ha muerto; la mala noticia es que sigue muy viva, más presente quizas que la carne misma, en la literatura queer. El mundo en que se vive contiene en la carne picada de mosquitos, tatuada, presente, la barra y playa, la Ponce de León - y a veces está el deseo de mudarse a Santo Domingo o Boston o a Nueva York o Miami, de urbanizarse o desurbanizarse, de desubicar el cuerpo, de resentarse en otro sitio.

Falta, quizás, presencia. La literatura queer reciente todavía está en busca de una tercera persona, de una narración alejada de la unipersonalidad. Desde su osadía del yo predomina el confesionario y la confidencialidad, una suerte de *"Boricua Queer Confidential"* intimista que se desborda felizmente, exuberantemente por desde Los otros cuerpos a Mundo cruel , y que convoca y conquista.[1] La primera persona narrativa -presente en la casi totalidad de las colecciones de cuentos y las antologías recientes, adquiere la forma de un yo colectivo en espera.

Pero falta, quizás, presencia. Para Hans Uhrich Gumbrecht, el elemento más obviado en la ecuación artística es ese que permite que la obra trascienda y transgreda. Gumbrecht alega que en esa intención delirante de encontrar significado en los productos culturales, de interpretar, de atribuirle significados a todo, obviamos la producción más fundamental y fructífera: la "producción de presencia". Para

Gumbrecht, es la dimensión de presencia –la presencia creada con el trabajo, el resultado del trabajo mismo– la que hace posible que los fenómenos culturales y los eventos (de palabra e imagen) adquieran dimensión, se hagan tangibles, y procedan a penetrar realmente los cuerpos públicos y privados y los significados de un ambiente dado o específico.[2]

¿Cuán queer es el queer que se presenta en la literatura, cuán recordable como sujeto, cuán apartado está de esa delineación publicitaria y periodística que toca y trastoca – pero que se recuerda? ¿Cuándo es el yo más que un gesto?

Es el gesto gay, y no el gay del gesto, lo que prima en la literatura queer; es la ciudad, el cuerpo de la ciudad, sus lugares, lo que protagoniza; es la homosexualidad de la ciudad la que danza y resuena en el centro de la literatura queer de la Isla, la identidad comunitaria hecha ficción, adoración, porque dispersa y difumina el rol del fabulador, que prefiere verse y oralizarse más como testigo/espectador que como protagonista, aunque resulte siéndolo. La literatura queer reciente está en busca de la tercera persona, salir de ese yo vosciferante hacia el paisaje que se celebra y se compacta en el trasfondo: todavía muchas veces es el entorno el que abraza y entrona y no necesariamente la carne y sus interiores emocionales o intelectuales. Quizás es que el ojo que siempre mira desde afuera solo es el ojo periodístico, que encuentra personajes hasta conde no los hay, y pierde las voces otras que lo multiplican en el espacio. La literatura queer que se produce en Puerto Rico es detectivesca porque se consume para descubrir, no solo para encontrar. Y descubre y encuentra lo urbano como *pop*, *porn*, *perk*, perfección: la homosexualidad en y de la ciudad, el significado del nuevo valor de la metrópolis: "The creation of *"urban meaningfulness" seems to have depended on a group, in this case the "gay community," investing the city with other than economic value"*[3]

Y se descubre. Se escucha. "Desde pequeño había escuchado a mi madre contar más de una vez que cuando me presentaron en la iglesia, con apenas cuarenta días de nacido, el pastor había profetizado que yo no sería como los demás niños, que cada paso mío sería un peldano hacia Jehová. Crecí con la certeza de ser ungido". Eso dice el narrador sin nombre de Luis Negrón, en "El elegido". Es la unción que refleja otras literaturas y otras no-literaturas.[4]

Afuera de la literatura, hay que recordar las repeticiones y las tangencias con este otro fabulador, con este otro hombre que es - también - literatura: En 2002, Javier Ortiz Rivera, veintitantos anos, nacido en Bayamón y criado en Corozal, con sus brazos y piernas cubiertos de picadas de mosquitos, le aseguró a la Policía que había sido raptado y luego lanzado al pavimento desde un automóvil por su amante, para que allí muriera, en venganza por un desacuerdo. Eso dijo. Después de unas horas, por la manana, en otro interrogatorio de la policía, Ortiz admitió que todo habia siso un invento, una historia que escribio para interpretarla con la fabulosidad de un histrión profesional. Luego de un fuego que destruyó su casa, viajó a Houston a trabajar como mesero, y esa primera semana en su nueva ciudad le llegó otra revelación: la sangre se le salía del cuerpo, eso parecía, y en medio del ruido concetado por la prensa se convirtió en celebridad de telas blancas y túnicas donadas por una Iglesia. En 2006, llega a Puerto Rico y la Iglesia Católica San Fernando de Carolina lo adopta como hijo pródigo, como salvador, como estrella en un circo.[5] En una de las escenas más inolvidables de su celebración pública, Ortiz - padre de seis hijos, en hábito religioso- comparte lado a lado en los asientos en primera fila con el actor que hacía de Jesús en la procesión de Semana Santa. El párroco alega que los creyentes perdonan, olvidan y abrazan al ex pecador, al divino drag, aunque ya había salido un grupo de fotos del casi santo en una página gay, alegando que su carne estaba disponible para orgías. Esta también es carne de literatura que se quedó en titular, ungida y vociferada.

Entre los actos, la ficción y la utilización televisiva, periodística y policial, negar que esta es una jugosa criatura de titular y venta sería mentirse. El cuerpo de este hombre, como texto, es un texto maleabe, disputado y disputable, ruidoso como la escena que había planificado. Ungido desde la primera vez que se imprimió en el periódico. Ungido por la fabulación que comete y con la que se interna en la Iglesia, que es fieramente homofóbica e intensamente homoerótica, y en la prensa, que en cambio, es lo contrario: fieramente homoerótica e intensamente homofóbica. La neutralidad no es suma de positivos y negativos de igual valor, pero este ser vivo, fabulador practicante, se fusionó con sus mentiras para que otros fabularan sobre él.

Y así el mundo cruel devuelve otros seres. En 2012, otra víctima golpeada y encontrada, esta en una calle santurcina. Los titulares se peleaban en su necesidad de adjetivar el cuento que se contaría. Desde afuera, para un periódico, el encuentro del cuerpo había sido "un incidente confuso"; para otro periódico, con el mismo titular pero diferente adjetivo, había sido "un incidente nebuloso". Las dos portadas cuentan un mismo cuento -el de un cantante de merengue desmemoriado- y entonces la gama pública de la especulación y la memoria de los pasados recientes - el olvido de Manny Manuel, la autocaptación del exsenador Roberto Arango, los reclamos de que todos llevan un Arango interior - se convierten en receptáculos que procura la prensa y que no se van y que no se olvidan y que se persiguen como historias detectivescas. Pero estos seres que se tratan en tercera persona en la prensa, actúan de la misma forma que los seres que hablan en primera persona en la literatura: se distancian de la Isla. Su hábitat, de pronto, es otro.

La compartamentalización de la experiencia en esta "sicomancia moderna", al decir de Kenneth Paradis, es el eje, *the sole pocket of true 'civilization' is the detective's own rational, mortally autonomous self, whose object… is the governing of an unruly, desirous body*", y la misión del detective es *"ultimately to protect his body (and use it to protect helpless others) in the seductive, sordid city where civilized society masks the greed and petty aggressivity of human nature"*.[6] Detectar y detectivar, desde su propio cuerpo - de nuevo, en primera persona - con un poco de pánico, solventar en qué espacios se deposita la carne y en qué espacios la memoria. En qué espacio es cuerpo y en qué espacio el lenguaje. En qué espacio la imagen, y en qué espacio sus sonidos.

Así que, "ese esquivo sueño o pesadilla posmodernista se logra: el habitante es el hábitat, el hábitat equipado con la tecnología moderna, el hábitat que se desplaza de lugar en lugar, todavía en pánico con el conocimiento de sus posibilidades. La creación literaria denota la fabricación de ciudadanos implicados con el lugar a través de la intensificación de un personaje – el del viajero, que es la suma de la experiencia urbana compartida". En su discusión de la recuperabilidad del otro a través del arte, Giorgio Agamben sugiere que "el espectador se ve a sí mismo como otro en la obra de arte... y de ninguna forma recupera un contenido determinado ni una medida concreta de su existencia, pero sí recupera su propio ser y se posee dentro de una fisura. La transacción con el espacio lo hace más compatible con el entorno, pero todavía incomprensible".[7] Es esa la transacción alucinante, importante, e incompleta que fluye desde la literatura queer reciente. Y, desde otra voz, desde la prensa también.

En la última página de su *Mundo cruel*, Luis Negrón organiza la fuga estratégica desde el apetito continuo, desde el hambre a la geografía, en hábitats sucesivos. "Papito, me voy contigo adonde sea, pero primero llévame a comer una mixta que llevo veinte anos con hambre". Y en ese mundo cruel, al igual que en la realidad paparazziada, a repetirse, a entregarse, a trastocarse a Miami se fueron. Quizás es que allí las lágrimas no existen. Quizás es que se exite en el brumor, que es es un rumor que ya es el sonido de la verdad.

Y en ese rumor escandaloso se encuentra el secreto de la musicología de la carne (*"musicology of the flesh"*) en la que el género se oye/escucha desde lejos, difuminado. Cómo se interfiere con y se disemina el género a través/con/desde el sonido y el ruido? Con un disco que es a la vez una interferencia fonografica y un producto fonográfico que proyecta el transito hacia un nuevo sexo y hacia una vida criminal.

II. El corte

> *There is only the edge in language... That is, reference. From the supposed fact that there is never anything but reference, an irreducible reference, one can just as well conclude that the referent - everything save the name - is or is not indispensable.*
>
> *- Jacques Derrida*

> *A ambiciones y anhelos no renunciaré Seguiré insisitiendo, no me rendiré.*
>
> *- Luis Omar, "Venceré"*

En alguna parte, en el almacén de una disquera, miles de discos compactos descansan en su silencio prematuro, intocados e intocables. El silencio de esos CDs marca el final tempestuoso de la corta y misteriosa carrera del cantante de salsa puertorriqueño Luis Omar, el hombre que –si no hubiera sido por una noche de octubre de 2001– hubiera sido investido como el heredero de los sexy crooners tropicales que pueblan y copulan los ritmos de la isla rítmica polisexual. El cantante, que entonces tenía 27 años, estaba cifrado para entrar al universo del attitude, de la ropa de diseñador hecha para los salseros, del postureo sensual y la coreografía brutal. El libreto de su carrera parecía estar preordenado: Armado con un contrato

179

de distribución internacional de la compañía Sony, el cantante (algunos decían) lograría sonar en las estaciones de radio, encendería los fuegos musicales del circuito de fiestas patronales pueblo por pueblo, firmaría contratos cada vez más lucrativos, completaría el *crossover* al Norte y al Sur, establecería credenciales de publicidad y recepción a la Marc Anthony, y se daría el lujo de fantasear sobre la posibilidad de tener en sus manos en una buena noche de premiación uno o dos gramófonos dorados de los que reparten en la ceremonia de los Grammy. Se había logrado antes.

Pero el 25 de octubre de 2001, solo meses después que la primera canción de Luis Omar debutara en las ondas radiales de Puerto Rico, el cantante se esfumó calladamente, no como una víctima de la cultura de las celebridades, sino como un sobreviviente Houdiniesco del bajo mundo musical. Desaparecido - quizás para siempre, se pensaba entonces - Luis Omar se convirtió en un callado y secreto culto para algunos, y su invisibilidad (magnificada por la desaparición de su único CD del mercado y de las tiendas de discos) ha contribuïdo para que la historia completa de su caída nunca se haya narrado completamente en Puerto Rico.

Cuando se esfumó el cantante, su cuerpo y su presencia ya eran requeridos por su nueva fanaticada que lo encontraba posando en los billboards del área metropolitana de San Juan. La televisón y los escenarios estaban en espera del "salsero para el nuevo siglo"; sitios en el Internet desde Turquía hasta Italia y Japón ya vendían y alababan su producción musical. Pero en vez de montarse en la ola de publicidad hacia el *crossover* prometido, terminó en la lista de *Los Más*

Buscados en varias localidades en Estados Unidos, de California a Florida. Nadie sabía qué había hecho o dónde estaba, pero dos cosas ya están claras: el pasado criminal y la propensión al autosabotaje de este hijo pródigo que nunca más se asomará a los escenarios a los que había aspirado con la exacta dimensión de su deseo y ambición.

La prensa puertorriqueña no siguió el caso del cantante, quizás porque su carrera se silenció antes de que el cantante dijera una sola palabra, concediera una sola entrevista, contestara una sola pregunta; antes de que el público se familiarizara con el tono de su voz. Luis Omar era solo imagen – no había entrado al mundo de su propia narración, al menos en palabras. Pero el crimen del cantante, los crímenes que habían dado paso a su carrera musical, fueron el detonante para que la cadena Univisión en su programa Primer Impacto difundiera la noticia, y que más tarde las cadenas estadounidenses entraran al ruedo, especialmente Lifetime, que le dedicó una edición de su popular Unsolved Mysteries en julio de 2002, cuando ya, en silencio, el cantante se habia fugado, y su historia narrada era una siniestra colusión de decepciones y ambiciones en la que su talento musical y su audacia de empresario pagaban por cada uno de sus caprichos. En la trayectoria de este one-record-wonder, la música estaba en el centro de su vacio identitario. La música (hacer música, enseñar música, vender música) fue su ocupación legal y su documentada vocación ilegal.

El día de la fuga de su casa en California en la que vivía con su amante, Luis Omar ultimaba los detalles opara su gira promocional del disco titulado *Así,*

así.[8] Pero el futuro esperado se cruzó con su pasado. Antes de lograr grabar su disco, y descorazonado por no haber alcanzado el exito deseado, inventó un esquema para financiar su carrera: una red de escuelas de música en el sur de California que ofecían clases de acordeón e instrucción musical a los hijos de inmigrantes mexicanos que nunca sospecharon que el sofisticado puertorriqueño y su socio y amante – el pianista costarricense Mario Yunis –robaban su informacion y vivían de sus tarjetas de crédito. Era parte de su historia sonora:

> Martha Gallardo bought one music package for her daugher that included the purchase of an accordion, to be billed over a three-year period, and lessons for three different instruments over a three-year period. However, the ink was barely dry on the contract when everything fell apart. Early one morning Martha dropped off her daughter for her weekly lesson but nobody was there. The first thing that came to Martha's mind was the possibility of fraud. According to police, Martha's instincts were right. When Martha Gallardo received her credit card bill, she found a single charge for the entire cost of the accordion – more than eighteen hundred dollars. Allegedly, it was a cheap import worth about three hundred dollars. However, many other unsuspecting families –unaware of laws designed to protect consumers from credit card fraud– were reportedly hit much harder. Some had credit card bills totalling $20,000.[9]

El intenso y calculado *making of* de este candidato para la iconografía salsera se deshacía. La Policía de Los Angeles, responsable de la búsqueda de Luis Omar, emitió numerosos boletines y afiches con la fotografía del cantante y una descripción de siete oraciones que ponen de relieve su personalidad vanidosa, sus predilecciones y su sexualidad: *"1. Sings karaoke. 2. Drinks Corona beer. 3. Weight fluctuates. 4. Has been known to get liposuction. 5. May have had plastic surgery. 6. Has two daughters, Desi and Dyni.*[7]*. Police say he is bisexual"*.[10]

Cuando la búsqueda de cantante criminal llegó a su fin, Luis Omar triunfaba en su intento de fuga meses después de su intento de fama. Se fugaba del lugar al que se había fugado. La policía irrumpía en su palacio de horrores musicales, su casa en California, de la cual cual el cantante corrió, dejando atrás sus discos y su amante transexual. Mario Yunis había completado su cambio de sexo con el dinero que Luis Omar y él obtenían de sus crímenes, y la única carrera que le quedaría al cantante, un Frankenstein musical, era huir de todas sus creaciones.

Del billboard que denotaba fama músical, al ruido del crimen, al silencio total del escape, Luis Omar experimentaría los extremos de una existencia que se desmembraba sin banda sonora. Nunca había podido ser su propia referencia. Nunca en su vida había dejado claro cuál era su verdadero nombre. Habia utilizado ocho nombres falsos en el transcurso de su vida (Luis Omar, Luis Omar Ferré, Adalberto Arroyo, Miguel Rodríguez Hernández, Carlos Tomás Santiago Rivera, Alberto Miranda, Omar Ferret, Omar Adalbert Arroyo) y poseía un récord policial desde los

17 años, con numerosos arrestos. Su larga fuga de los nombres inventados, de los crímenes cometidos, del abandono de su amante y cómplice, de su renuncia total a musicalizar su historia, termina en septiembre de 2003, cuando es encontrado en Costa Rica, con otro nombre falso y otra existencia robada – se había convertido en Mario Yunis. En su fuga, había retenido la calma para escapar con el pasaporte de su amante, y vivía con su identidad en el país natal del que también había sido su cómplice. Por doce meses, la identidad de su ex amante fue su lugar de impunidad. Marylin Spielberg, antes Mario Yunis, fue sentenciada a 12 años en una cárcel federal en diciembre de 2003. Luis Omar, ahora también conocido como Mario Yunis, fue reconocido y recogido por la policía costarricense. Los nombres que en un momento hacían música juntos ya no tenían sexo ni nombres propios, ya eran papeles falsos, dos multiplicidades en una que habían protagonizado una historia en la que un cantante le había escrito a su amante una vez y que había grabado como homenaje: la canción "Contigo": – Yo quiero crearte un mundo / y regalártelo después. Solo queda su declaración de amor en un CD perdido.

III. Buzz, run-run

La bruma de un rumor, un brumor, es la palabra que hace que se complete una realidad, esa que el oído genera y des-genera, convenciendo. Un nombre que se hace sonar como el ser que le suena adentro de su cuerpo, y que logra esa traducción cuasi-instantáneamente. A este cuerpo se le otorgó el privilegio de la palabra, de la autonominación. Un nombre que anticipaba un cambio proponiendo un la carga del otro género como una interferencia sónica. Verona. Ver una, pero antes, escucharla.

Verona es toda una mecánica de traducción. El nombre se fija porque se fija en la memoria retinal, ya sea por el cercano o lejano referente shakespeariano o por la ruta de sus asociaciones. Es vero, verísima, pero solo tal vez, como giro, como grito, como sucio difícil. Claro, el nombre que se dio (ella) y que se acepto (por otros, por nosotros) es un pasaporte que con alevosía traslada el cuerpo a imagenes. Es el ancla de una mujer mujerona. Se contempla como total iridiscencia, como pretexto de todo y, finalmente, como punto de partida. La traducción - aparentemente sin birthing pains - de Verona a Verona, de palabreo privado a palabra nacional, al ruedo de los periódicos, a la plaza televisiva, al campo de su mediacion femenina, es ya sabida. Un día el joven diseñador llamado Verona (ne Orlando Disdier) simplemente le comenta a una mujer, a una periodista (a una mujer periodista hija de una ex Miss Universo) que desea ser llamado ella, ser en palabras ella –la Verona, la diseñadora- y no él, y encuentra sin problemas, en *fast-track* nominativo, la traducción emocional de su pedido al día siguiente en la prensa.

Tangible el blanco y negro, y sin más explicaciones, la Verona mujer nace por fiat en el peródico El Vocero un día de 2001, con Sasha Strosman Malaret como celeste comadrona, en parto que público al fin deja marcado a todos los implicados, un parto que se abre a la sutilidad estoica del Jean Baptiste-Grenouille de EL PERFUME, el mismo que Patrick Susskind inventa

185

naciendo entre las mesas de un concurrido mercado, expuesto públicamente hasta el ombligo, elevando los olores al rango de encantamiento, iniciando un ajuste de gustos que lo lleva hasta los misterios de su nariz y sus apéndices. O será el nacimiento del Oskar parido por Günter Grass en EL TAMBOR DE HOJALATA, *"one of those clairaudient infants whose intellectual development is complete at birth"*. Verona se fija así, con toda la ironía de su ser clarividente y ya completa en su nacimiento público. Hay nacimientos que conmueven.

¿Cómo se nace completa a mitad del camino con exquisita naturalidad y aparentemente inextinguible? Verona recuerda, en la estética de su anunciación, la tradición artística y su canon: El nacimiento de Venus de Botticelli. Escribió Gombrich que *"Botticelli's Venus is so beautiful that we do not notice the unnatural length of her neck, the steep fall of her shoulders and the queer way her left arm is hinged to the body"*. [11] Queer porque su dimensión y su balance se apartan de alguna proporción ideal, pero que es aun más - que las libertades tomadas por Botticelli para delinear a su queer Venus son un *"enhanced impression of an infinitely tender and delicate beauty, wafted to our shores as a gift from heaven"*. A las costas llegó, historia de dos ciudades: de ese primer Orlando, furioso, la perla venusiana de Verona.

Y se hizo con la palabra y con sus ruidos. Un artículo - la - dentro de un artículo periodístico echó a correr una carrera. Se pensó que todo había sido un equívoco, porque era fácil adjudicar la descripción de "la diseñadora" en vez de "el diseñador" a una equivocación y no a un par de decisiones -la de Verona, la de Strosman. Se puso en duda la habilidad de discernir, la apertura de los sentidos y ojos de la periodista, su competencia, sus motivaciones. A la traductora se le llamó traidora- pasa siempre. Pero la hija nacida no se detuvo en las redes del ardor publicitario: las traspasó y las utilizó para solidificar la sustancia de lo que siempre dijo que siempre había sido.

Por eso ahora es un ismo el Veronismo. La coronación de Verona como emblema, al parecer, es el caso más amablemente extraño (y naturalmente sostenido) en la historia de los emblemas en Puerto Rico, quizás porque es una *Designing Woman* sin traiciones, una *Designing Woman* que diseñó a una mujer desde adentro y que le diseña a las mujeres desde afuera. No es un rompecabezas porque realmente no ha pedido nada (excepto ser llamada), y se lo ha hecho todo. Exigir lo que parece nuestro no es pedir. Verona, entonces, es una exigencia congruente.

Y más: Verona es una gran pantalla. Es un filtro ocular. Es celuloide. Es cine sonoro. Es la mecánica del cine y una posible explicación. Una imagen que Jean Mitry coloca en la mente del espectador conjuga la elusión y la ilusión de lo visto como coda del cine. Dice Mitry que "el cine nos absuelve de la necesidad de imaginar lo que muestra, pero nos requiere que imaginemos con lo que nos muestra a través de las asociaciones que determina". Toda una reconstelación, Verona al cuadrado ha implicado a todos, ha convocado el (ver)onanismo de la prensa, de los públicos, de sus oyentes. Con la solciitud de sus presencias y la necesidad que tienen todos de ella, Verona sigue absolviéndonos de necesitar la imaginación de lo que muestra, y guía hacia esa otra imaginación: así es Verona una implícita absolución.

Una vez nominada y rumorada, Verona fue y es cine puro que no encuentra su pantalla grande. La isla, sin el cine y su grandiosidad, solo la puede encajonar en la televisión (a la segunda silla del escenario a ser confesada por Carmen Jovet, Luis Francisco Ojeda, Pedro Zervigón, y a la pantalla supracarnal del programa televisivo No Te Duermas, donde fue "El Poder de la Semana", modelando en bikini y por las calles de San Juan). Así corrió por las pantallas, como la experiencia de lo posible y de lo que era ya y llegaría a ser.

Por ser cine es también una sutura en los ojos. Christian Metz propone al cine como "lectura longitudinal, precipitada, ansiosa, y preocupada con lo que viene despues. La secuencia no aisla las escenas individuales; las suprime". Verona entera, en su secuencia, es su secuencia entera. Como añade Metz, es el espacio en el que "la imagen siempre está actualizada" y no requiere de palabras. Verona suprime las escenas individuales aunque las cuente precipitada por las preguntas de una entrevistadora. Es porque es, simultánea.

La imagen actualizada de Verona surge completa de la voluntad física de las palabras de otros. Por eso precisamente Verona es todo audio. Las operaciones e intervenciones que tramaron a Orlando hacia Verona, vaciadas en portadas de periódicos solidificaron la excepción: el estreno de Verona en traje de baño, el pasarelear de Verona en traje de novia en un *fashion show* a pasos de la playa (¿Venus matrimoniándose?), completan el trailer de su traducción a todos los lenguajes (visuales y literales) posibles. Estaba haciendo ver, entender, reconocer que no necesitaba de apéndices. El momento en que Verona pasó de ser diario íntimo a literatura a cine a entrevista televisada fue el momento de su suprema adaptación. Su traducción a un opus magnum de equipoise: *A Puerto Rican Etiquette Toward Transsexuality*.

•••

En *"Beautiful Boxer"* (2003), el director Ekachtai Vekrongtham reconstruye una vida en el cine, con el privilegio maravilloso y soez de tener a su lado, como asesor de la cinta, a la mismísima protagonista de la biografía. Esa protagonista era Parinya Charoenphol, mejor conocida como Nong Toom, campeón de muay thai, la versión tailandesa del *kickboxing*. Por años, desde que tenía 12, Nong Toom recorrió Tailandia logrando notoriedad como peleador y de paso manteniendo a su familia con el dinero que sus patadas le otorgaban. En 1999, convertida en modelo y actriz, había dejado atrás el boxeo por el que pudo convertirse en mujer porque el deporte está vedado para las mujeres en Tailandia.

La publicidad de la película recurre a todos los clisés que denotan los polos establecidos de género. El afiche muestra las cuerdas del cuadrilátero y un hombre de pelo en pecho agarrando la cuerda, sosteniéndose en medio del ring. En sus dedos las uñas pintadas de Parina/Nong, como prótesis de género. El discurso que la audiencia cinematográfica entiende: *"Trapped in a man's body"*, *"Fights like a man so he can become a woman"*. The kickboxer trans.[12]

El cuerpo de Verona se despliega como

enunciación, como aceptación del "ella" en vez de "él". Los gritos publicitarios de su transición no comunican el pasado ni el presente. El nombre aceptado le abre las puertas del futuro. En una portada de la revista Vea de noviembre 2004, Verona se engalana con un bañador amarillo con detalles rojos y un broche en forma de mariposa en la pieza inferior. El cabello toca el ombligo, colgado como está hacia el lado derecho de su cara. Se detecta un solo arete, que cuelga de su oreja izquierda. En la página 132, acompañando seis fotografías a color, el titular estipulado por la revista ("Hace el poder"), refiere a su participación como modelo en un programa televisivo, pero también al poder que su nominación le ha conferido. Quiere filmar la película sobre su vida, la historia de lo que hizo "para llegar a ser la mujer que soy". El titular de la revista, en la portada, en mayúsculas: VERONA: "ESTOY PONIENDO EN ALTO EL NOMBRE DE LAS PUERTORRIQUEÑAS".

Orlando, reinventado como Verona, recoordina la estética varonil del varón varona que trama desde afuera, ahora que no es varon en su coleccion de 2005 VARON BY VERONA. Postula el Varón alguien que lo ha dejado de ser. Haber sido varón es el ruido que la sigue.

El primer escándalo público de Verona ocurrió cuando todavía era él, en la trama del programa SuperXclusivo, donde una diseñadora de alto vuelo y varias décadas acusó al Verona, el de ese entonces, de haberse robado unas telas. El valor total del telar en cuestión era $600, y la posibilidad de que el chisme atrajera a algunos espectadores más radicaba en que Verona –colega y ex-tutelado de la diseñadora quejosa- ya consentía ante las camaras "el hombre que no era", traficando sutilmente con su pelo en una cola, insistiendo en que nunca nunca nunca pudiera haberle hecho eso a una mujer tan admirada como su acusadora. Fue su primer ruido, amplificado por otros, pero tendría más tarde que lidiar con demandas por deudas, por incumplimiento de contrato, y a las críticas a su busca incesante de publicidad, magnificadas en volumen por su salto -su grito- de género.

Ese grito es su negocio. En una de sus apariciones televivas antes de su operación de cambio de sexo, Verona se presta para una parodia de una telenovela en el programa "TV Ilegal". Verona se viste para una escena de cama. Va a acostarse con su galán. Verona es la esposa del galán; el galán en este caso es un maniquí. En la escena de la cama, seguía siendo Verona el único hombre. Seguía siendo Verona la única mujer. Antes de su operación de cambio de sexo, en su flexible oralidad pública, Verona ya había sido sonido inscrito y traducido.

10.

TRIÁNGULO

I. Arecibo/Lajas/Lares: De oído

La fotografía inmensa recreaba la colección inusitada de basura que se puede encontrar en cualquier vertedero en cualquier parte del mundo: cajas de cerveza, floreros rotos, botellas, plástico, papel, periódicos, envases varios, compactados en montañas coloridas de ansia postconsumista en la República Dominicana. En medio de la escena, una mujer que en su mano tenía lo que parecía un celular se comunicaba con alguna parte de su mundo desde el mismo centro del vertedero. El tiempo, al parecer, era lo único que no se podía desperdiciar.

Si estaba ahí llevando sus despojos o buscando algo valioso para ella entre los desperdicios de los otros, era indetectable, pero sí era patente que mantenía la tecnología bien cerca, al alcance de la mano, en su oído, y no perdía el tiempo para llegar a la distancia con su voz tecnológicamente disipada. La foto, en la exhibición de Yann Arthur Bertrand que recorrió las plazas de Caguas en 2007 y luego en San Juan, recuperaba la razón de ser en esa encerrona. El mundo de Betrand, las visiones de las cataratas y de Marruecos y de los puntos más reconditos de todos los continentes, se resumía en la pose del goce tecnológico en medio de un entorno que reproduce su materia y las desecha. El goce tecnológico se resumía en anticipación - no de la llegada de una mirada, sino de una voz. Ahí estaba la mujer presta a comunicarse con los otros. Su voz como escudo, como arma del alma.

•••

No hay opciones posibles: El oído es el arma preferida de las almas siderales. En *They Know Us Better Than We Know Ourselves*, Bridget Brown analiza cómo las personas que sienten alguna dislocación, que se imaginan fuera del círculo en el que ansían estar, crean sus propias historias y verdades que conforman a su experiencia del mundo, anadiéndole otro mundo, a un mundo sideral.[1] Pero es el oído de este mundo el que se rapta y se lleva al otro, y no el anverso. El rapto del sentido común es la búsqueda de un lugar en este mundo, en medio de la casi imposibilidad de percibir ya qué es real o verdadero del mundo que los circunda, y de ellos mismos. Hay que hacer ruido con lo imaginado, con lo no-visible, con lo que se jura que es visible. Pero es solo el ruido que queda el que lo constata. Fugarse hacia la sideralidad, dice Brown, equivale a querer gritar una historia.

El pueblo de Lajas, en el sur de Puerto Rico, fue incluido en el 2011 entre el listado de los primeros 10 lugares del mundo donde más apariciones y contacto con seres extraterrestres se informan anualmente. Para analizar esta dudosa designación, los medios de comunicación recurrieron y recurren con frecuencia a un ser que ha confesado públicamente que ha sido privilegiado por las visitas de seres de otros planetas, que ha hablado con ellos, que los recibe en su pueblo. "Mr. Planet", Reinaldo Ríos, "El Ricky Martin de los Ovnis para ti y para el mundo" - como celebra su designación casual por un disc-jockey de la Isla[2] - se mantiene vociferando su relación íntima con los seres que nadie ha visto y que él conceptúa como la manera más fácil de llevar turistas a esa área de la isla. Un espacio para comunicarse con los verdaderos otros.

Y así el "Ricky Martin de los Ovnis" postula que su ruido es verdad, que cada vez que ha presentado en público el sonido de su deseo su esperanza se hace realidad, que se sometería a un polígrafo para demostrar que en verdad dice lo que ha acontecido. Los ha escuchado. Los ha visto y los puede describir. Es por eso que ha sido el campeón propulsor de la "Ruta Extraterrestre PR 303" - la Ruta Extraterrestre en Lajas- un espacio de bienvenida a la aparición frecuente de los visitantes del espacio, un abrazo sonoro, y tan expansivo como las declaraciones de Ortiz, maestro en el sistema del Departamento de Educación de Puerto Rico, que se propulsa en la prensa con invitación y sin ella para formular las más extrañas terorías sobre los más reconocidos personajes.3 Su ruido se funda en la carnavalización de esa posibilidad de ensanchar el marco existente hacia una ruta extraterrestre que demuestre de una vez y por todas que ellos nos conocen mejor de los que nos conocemos nostros mismos, y que nos traigan sus mensajes a los oídos.

Más allá de Ortiz y sus bonanzas mediáticas, la anticipada visita de esos seres que responden, según Bridget Brown, a los ruidos de los circuitos internos, replica la tradición anfitriónica de la isla: la (in)deseabilidad de ser y seguir siedo un territorio turístico. Las fantasías que se derivan de ese pensamiento - ser el centro de atracción del otro mundo todavía desconocido - ya han sido pensadas, escritas y filmadas. En la película UFO in her Eyes de la escritora/directora Xiaolu Guo pondera la decisión de comercializar un territorio después que un encuentro amoroso y un encuentro con un objeto volador no identificado. El líder de la villa donde se sucedieron los encuentros decide sacarle provecho al evento, y para eso se propone enviar un grito al mundo: fabricar una industria turística alrededor de ese misterio solo visto por una persona. El capitalismo extraterrestre se formalizaría en un plan de cinco años para que la pequeña villa se convierta en una generadora de ruido, un imán turístico, en el oído del mundo. Un lugar "absorbente y ocasionalmente insutil".[4]

•••

Pero ya la Isla hace décadas ha sido el oído de los otros, emisora de un mensaje para comunicarse con "ellos", los extraterrestres, y receptora de los silencios que se han sucedido. La sonorización del espacio global desde la geografía vivida es un mensaje al infinito. Fue el envío de un mensaje al espacio desde Arecibo el 16 de noviembre 16 de 1974 -coescrito por el afamado Carl Sagan- el que selló la fama mundial de la ciudad como "el oído del mundo" y a su observatorio como "el venerable abuelo de la radioastronomía", descubridor de púlsares, que existe y se piensa como el vínculo más importante en la misión del Protecto SETI, la búsqueda de inteligencia extraterrestre. Hasta una fotografía de Arecibo - codificada en un mensaje - fue enviada al espacio, esperando sonidos. Y así Arecibo, su observatorio, su espera, su oído gigante, su paciencia extraterrestre, se formuló imaginísticamente como el centro de todos los mensajes siderales cuando se envió hacia las estrellas M13, a 25 mil años luz de la Tierra, el primer mensaje radial interestelar.

Y ya antes, antes de que Arecibo explotara su sonido, el cine había hecho de Puerto Rico un destino extraterrestre, no exactanente un lugar de turismo y playas, sino de regeneración y multiplicación. En la película *Frankenstein Meets the Spacemonster* (1965) (también conocida como *Duel of the Space Monsters* y *Mars Attacks Puerto Rico*), es Puerto Rico el laboratorio del cual el planeta de los invasores, despopulado por tragedias nucleares, se llevará la vida posible en forma de sus mujeres.

> The women on Mars have been killed in a nuclear war, and Martian Princess Marcuzan (Marilyn Hanold), along with Dr. Nader (Lou Cutell), sets out to kidnap Earth's women. In the process, they attack a space capsule carrying android pilot Capt. Frank "Frankenstein" Saunders who is actually a NASA robot in space that is programmed to ward off space invaders. Frank is hit by a ray-gun and badly maimed. His creator, Dr. Adam Steele (James Karen), arrives on the scene to find and protect Frank who is killing in self defense while the aliens are capturing Puerto Rico's women. [5]

Los triunfos del sonido errante de Arecibo y la singularidad de su estructura se han colado por décadas en la imaginación, pero los descubrimientos y el trabajo que allí se ha logrado es para la mayoría un misterio. El radiotelescopio de Arecibo se ve, y se ha visto, en cine, en televisión, pero la narración de sus logros es siempre un descubrimiento, como lo fue para el Discovery Channel:

"Además de Contact, Arecibo ha tenido muchos éxitos de taquilla. Por ejemplo: determinó el período de rotación de Mercurio y la presencia de hielo en sus polos; verificó que los anillos de Saturno están compuestos de trozos de hielo; descubrió la cadena de galaxias hasta ahora más extensa del universo, y lo que parece ser una galaxia en nacimiento; y detectó la primera evidencia de un sistema planetario alrededor de una estrella púlsar." [6]

Y ahora, reclamado, en otras manos, manoseado, el Observatorio -un escuchatorio con otro nombre; un radiotelescopio para las orejas y un destino de turistas- después de 45 anos regentado por la Universidad de Cornell pasa a formar parte de la Universidad Metropolitana, que tomó las riendas de su administración el 1 de octubre de 2011. [7]

Pero Arecibo no es Lajas. La llorona de Lajas, el ovnipuerto esperado y los personajes carnavalescos que se presentan en las actividades de Ortiz son parte de la evocación extraterrestre en Puerto Rico, desvirtuándola de cualquier sentido de propiedad científica o académica a la que presuma. Es que algunos ruidos en vez de sobres sonoros se disenan como globos para pinchar, y desinflar con humor. Con tono de incredulidad, Daniel Altschuler, exdirector del Observatorio de Arecibo, combate la fonografía de ese Lajas con ruta extraterrestre hecha dibujo y diseminada por la red en un comunicado que parecia escrito por extraterrestres sin el beneficio de un curso de español. 8 Su ruido - que intenta sea el ruido de la razón - desea insertarse en la fonografía de esa Ruta Extraterrestre para borrarla.

Del ruido no se puede escapar, ni correr. El Ricky Martin de los OVNIS postula que su oído ha recibido esos mensajes. Los ha escuchado. Los ha visto y los puede describir. En la Ruta Extraterrestre en Lajas hay un Arecibo que rebota.

•••

El grito de Lajas y los oídos de Arecibo rebotan extrañamente en los lutos de Lares. Dos pueblos en busca de gritos, y un pueblo que, enlutado, tiene que renunciar al suyo. El triángulo se completa en su circularidad: Un grito que enluta y el mismo grito que se secuestra. Lares vuelve a ser grito de guerra, encuentro de facciones, llamado por una de ellas a las armas, a la verdadera lucha armada, y búsqueda de paces incómodas.

En 2010, el alcalde Lares Roberto Pagán silenció el tradicional "grito" que se le al nombre de la ciudad – "Lares, Ciudad del Grito" se convirtió por decisión ejecutiva en "Lares, Ciudad de los Cielos Abiertos." Con un decreto se enmudecía el cognomento de una región que es venerada como el "altar de la patria" desde el Grito de Lares de 1868.

La conmoción causada por ese borrón político, por la ausencia del grito en la designación descriptiva de Lares, el luto por el grito, se magnificaban con el grito que se sentía por las muertes de líderes independentistas. Para que el grito siguiera sonando, la actividad, "Todos a Lares, Ciudad del Grito", conmemoraba el fallecimiento de Lolita Lebrón y Juan Mari Brás. "La conmemoración del Grito de Lares este año estará enmarcada por el luto que embarga al movimiento independentista tras la pérdida de dos de sus máximas figuras y con la "amenaza" a la historia y la cultura que significa el cambio de cognomento de la ciudad." 9

Dos años más tarde, el grito de Lares - ya borrado como apellido del pueblo - sufría otra atentado: era "secuestrado" - se álegaba - desde el interior del partido político que tradicionalmente ha organizado la conmemoración. El nacionalismo enmudecía ante la división de la estructura de sus circuitos simbólicos, fundados en el grito. La división de fuerzas se centraba en la memoria de un personaje icónico: Lolita Lebrón.

Lolita Lebrón nació un 19 de noviembre de 1919 en Lares, así que nació con el grito y el mito: el Día del Descubrimiento de Puerto Rico, en el lugar en que se intentó infructuosamente su libertad. A sus 34 años, el 1ro de marzo de 1954, subió al palco de visitantes de la Cámara de Representantes de Estados Unidos acompañada de Rafael Cancel Miranda y Andrés Figueroa Cordero, y allí sonaron los disparos que terminaron con su libertad. 57 años de prisión fue su sentencia por dispararle a 5 representantes, y cumplió 27 años en la cárcel de mujeres en Alderson, West Virginia. Uno de los libros de memorias de su nieta, la escritora Irene Vilar, continúa la historia de Lebrón ya en la prisoón, cuando las exigencias divinas y las visiones la llenaron nuevamente de ruidos, voces externas, gritos.

(On a November evening in 1957, she had one of her first visions. The ceilings of her cell burst into flames, and amidst the fire a voice came unto her from a blue silky flower, instructing her to write the "Mensaje de Dios en la Era Atómica" - A Message from God in the Atomic Age - which she subsequently produced and mailed to President Dwight D. Eisenhower. A few days later, she was transferred to St. Elizabeth's Hospital, in the District of Columbia, where she remained for six months.)[10]

Más tarde, el libro hace el recuento de esos momentos de Lebrón en ese intersticio en el que no solo la divinidad la convocaba sino también la muy humana y aviesa intervención acústica - la imposición de otra realidad. En una visita de la madre de Irene al hospital, *"Lolita talked on without stopping. She told how they were trying to drive her crazy but hadn't succeeded. They were making her hear "electronic voices." injecting her, experimenting with her, and she repeated this several times during the short visit. Mama listened to her in silence".* [11]

En la Isla en 2012 se escuchó sobre otra Lolita, se leyó a otra Lolita, se le imponía también otra realidad. Se veía y se escuchaba el nombre de Lolita Lebrón desplegado en titulares mucho después de su muerte, y cada titular era un crimen más grande que un disparo. Que las frases, los gestos, las acciones de una mujer como Lolita Lebrón se resuman en las páginas de los periódicos con la controversia desatada por su herencia - el contenido de su testamento y los familiares que, según los reportajes, intentan hacerse de sus bienes para una u otra cosa –cargaba más violencia que cualquier disparo en Congreso alguno. Los crímenes que se cometen con los cadáveres en el sistema legal reiteran que los cuerpos y los nombres nunca mueren, que los legados legados son más que nostalgia nostalgizada. Y quizás sería mejor no materializar los cariños en herencias, gastarlo todo en vida, no dejar ni un centavo para que los gorriones o los cuervos sacien sus desmedidas ambiciones. Los artículos dan cuenta de una fortuna y de desafortunados herederos: "Una aparente lucha por el control económico de lo que se presume son millones de dólares dejados por la luchadora independentista, Lolita Lebrón, mantiene en guerra al alto liderato del Partido Nacionalista de Puerto Rico (PNPR) y la familia de la difunta". Noticel apuntaba que las alegaciones en un principio tenían que ver con "fabricación de documentos" y testamentos alterados a última hora, con el objetivo de "apropiarse de parte de los bienes... para propósitos desconocidos". [12]

Y en medio de las acusaciones peronales llegaron las secuelas políticas - la menguada celebración del Grito de Lares en 2012, en la que las facciones del Partido Nacionalista se enfrentaron. El alegado "secuestro" fue negado ("Rosa Meneses Albizu, portavoz del partido Nacionalista, negó haber "secuestrado" los actos conmemorativos del Grito de Lares como sugirieron otras organizaciones de corte independentista encabezado por el Movimiento Independentista Nacional Hostosiano"[13]) pero la actividad que sirve de punto de encuentro y hálito de vida para los movimientos independentistas encontró una fuerza inesperada. Manuel Albizu Harrington, el nieto de Pedro Albizu Campos, frente a un micrófono convidaba a considerar la lucha armada, la que propuso como el verdadero vínculo del grito pasado con el futuro. "Si realmente quieren a Puerto Rico libre, cuando el imperio yanqui se nos ponga de frente... lo señalemos con una pistola y le peguemos un tiro en la cabeza".

El llamado a tomar las armas del nieto de Albizu Campos sonaba mientras ocho organizaciones y muchos míticos líderes nacionalistas - Rafael Cancel Miranda etre ellos - no encontraban ni sus ecos. 14 El arma de la palabra, en Lares, sustituía un grito evaporado que busca nuevamente su materialidad, su vocalizada concretez.

2. Río Piedras: Teoría de la sintonía nacional

Las aceras, sonido en concreto, son la minima moralia del cuerpo. El borde olvidado de incontestable cotidianidad. El punto más conservador de la ciudad y, por lo mismo, el menos pensado, gracias a la promiscuidad analítica de la zona infranca del tránsito y los autos que se le siembra al lado. Acogen el cuerpo con todas sus variaciones, siguen su rastro y ruido y le proveen un acomodo inconcreto pero incontestable, juicioso e incorpóreo.

No hay espacios retóricos para el estrecho margen que componen las aceras. Siguen siendo apostillas terminal, footnote, nota al calce de un enramado que acicala, guía y te lleva. Vienen *built-in* en la conciencia del movimiento. Pero ya no solo eso. Son traspasadas y usurpadas. Es posible, es un hecho que se pueden habitar, como si fueran casa, automóvil, estacionamiento, oficina.

Los análisis dromológicos -con el énfasis en la velocidad, con la velocidad al centro- las olvidan. El discurso rítmico y musical -con la calle como la compleja insinuación de todo, como el referente del afuera que se piensa- no le da forma ni importancia. Yo soy calle es la consigna, no Yo soy acera. Las calles sí son -y las aceras, pues, no son- artefactos culturales de inspiración, de devoción. Ni siquiera muletillas utilzadas por los coloridos seres fabricados por sus disqueras para senalar el coolness que les falta. Ni claustrofóbicas, ni violentas, ni complejas. No se les devuelve ni el ritmo ni el cuidado que proveen. Están, así de simple. Persisten. Desadjetivadas. Y aún así, esperan: espacios virtuosos.

¿Qué sostienen las aceras realmente? Tras la pérdida de su gramática, las aceras no son ambiciosas de la forma en que lo son las calles, las avenidas, las autopistas. Todo grito de *Take back the streets* se salta *the sidewalk*. Se sacrifica su espacio por el movimiento y la estética de la red que automoviliza. Y entonces, un viernes, un lunes cualquiera, en ese espacio desvalorado, de no-pertenencia, desestimulado por la imaginación y rodeado de latencia, algo pasa.

•••

¿A través de qué una ciudad construye la conversación de sus habitantes? Buscar posibilidades para construir esa conversación pública fue el objetivo del protecto Hubbub, auspiciado por el Georgia Institute of Technology de Atlanta, y el resultado de esa pregunta fue otra pregunta. Los ingenieros del

Instituto disenaron una máquina que se instala en sitios públicos para que lo hablado por los transeúntes que se acercan a la máquina sea visto, tecnologicamente, a través de una pantalla – una especie de traductor audiovisual. Pero al final de esa transacción de relevo (de la circularidad que toma las oraciones dichas y las hace letras en una pantalla frente a la vista de todos), la conversación que se establece públicamemente es sobre la tecnología que puede producir esa transacción, no sobre las palabras que se proyectan, ni sobre su sentido. El sonido del hablante que camina cerca de la máquina, su voz, se transmuta en tecnología visual. El apoyo tecnológico a la conversación de los habitantes no crea una plaza comunicativa, sino un estadio tecnológico –el hubbub, el bembé, el run-run, el comentario sobre la tecnología y sus usos.

¿Cómo se sintoniza entonces una región, una ciudad? ¿Cómo se es acústico en plena avenida, creando una fonografía, una imagen del sonido de la ciudad? ¿Cómo es que en Puerto Rico el ruido y el bullicio se asocian con el distrito comercial de un lugar casi vacío?

Río Piedras es un órgano manoseado, un hueco derrideano por donde se cuelan los ruidos. Río Piedras perdió su ruido independiente el 1 de julio de 1951, cuando cesó de ser un municipio constituído y fue anexado al municipio de San Juan. El proyecto de la Cámara de Representantes 177 atajaba la especificidad y el crecimiento de ese centro vital y lo ataba al designio de la capital, a esa capital sanjuanera que intentaría presentar y representar elegancia y sofisticación. Esa anexión determinó el futuro carácter sónico de Río Piedras. La especificidad acústica de Río Piedras – el sonido que en rigor la caracteriza – puede ser debatida (el ruido del abandono, tal vez; la insinuación de una perpetua condena, quizás) pero la especificidad percibida está cifrada y tejida en oposición a su doble que, en los medios, se ha establecido como "el centro de todo" ubicado en Hato Rey – Plaza Las Américas. Si la relación pública entre la Plaza de estacionamientos multipisos y Río Piedras con su Paseo De Diego es de opuestos, Río Piedras como "el centro de nada" pasa a ser en el principal proveedor – a veces la única fuente pública – de la determinación sonora del país sin acondicionador de aire, de los comentarios, quejas, gritos de los que no forman ni forjan la masa crítica del centro. Construido como el sonido lumpen de la patria, el sonido del margen, el sonido del pueblo – pero el sonido que se busca para descodificar la realidad de lo que piensa el "público medio", la "masa" – el sonido de Río Piedras es la mancha acústica, el acoustic stain de la isla. Pero esa mancha acústica se ha convertido en necesaria para revitalizar y rebobinar la identidad cultural de la nación, con la que Río Piedras mantiene una intimidad crítica.

Es la prohibición del ruido en Río Piedras la que curiosamente hace que su sonido sea preciado, aunque siga siendo moneda común, y apreciado, aunque cada vez más reglamentado. El Código de Orden Público de Río Piedras reglamenta y a la vez define a Río Piedras como molestia sonora: "Se prohibe todo sonido fuerte, perturbante, intenso y frecuente, que a la luz de la totalidad de las circunstancias ocasione molestias afectando la tranquilidad y el pacífico vivir o que se oiga desde la calle o en forma tal que importune a los vecinos. Los radios, velloneras, sistemas de música, vehiculos, altoparlantes o cualquier otro instrumento que produzca sonido deberan ser operados de forma tal que no ocasionen ruidos excesivos o innecesarios".

Si la Río Piedras contemporánea es la hija de una explosión, de un small bang que retumbó, rezonificó y resonificó el centro de la ciudad cuando los gases extraviaron su ruta y provocaron tres días de luto en noviembre de 1996, poco ha pasado después del bautismo explosivo, además de legislarse una prohibición a que Río Piedras suene y siga sonando. Río Piedras se ha convertido en la fonografía utilitaria del caos urbano, la representación fácil y disponible de un fracaso al que todos sintonizan.

Dos cosas salen del Río Piedras acústico: el sonido de la academia y el ruido del "pueblo", o el ruido de la academia y el sonido de la calle. El ruido de Río Piedras se ha tomado prestado, y mediáticamente opera como el ruido vernáculo de la isla. Se imagina por las calles de Río Piedras la fonografía de la consensualidad pueblerina autorizada por los que la fabrican. Es el ruido imaginado de Río Piedras el que la hace coherente y vulnerable a la vez; sus sonidos diarios son mensajes, explosiones, disparos, ese attack of noise que es el primer paso del sobre sonoro que llega a contener a todos y del que abusan los medios de comunicación para mantener a Río Piedras en su sitio, propagando la imagen del Río Piedras imposible de modificar, de mejorar, de rearreglar.

¿Cómo es que nadie ha escrito o interpretado una sinfonía de la destrucción de Río Piedas, o al menos contestando con sonido ese sonido explosivo que la transformó para su mal? Río Piedras es ahora la fonografía del pueblo, y su centro de transacción comercial - su Paseo de Diego - es símbolo de "pueblo" para los medios de comunicación, que colocan sus micrófonos frente a las caras que allí pescan para escuchar los mensajes del "pueblo", y estructuran al escucharlos la comunidad imaginada del margen. El país experimenta una inmersión aural en Río Piedras, pero no una inmersión ni inversión física en ella.

El 21/11, aniversario de la explosión del edificio de Humberto Vidal, se conmemora muy cerca a los días de dar gracias y dehacer fiesta, de ahí que en noviembre de 2005 –décimo aniversario de su explosión y "renacimiento"– ningún medio de comunicación de los que comunmente contemplan a Río Piedras como fuente de jocosidad urbana se acercara en audio, texto o cámara al lugar de la explosión para hacer ruido, sino para contemplarla como punto de venta del Black Friday, el día de compras más fastuoso del ano, y recalcar su diferencia, su pobreza, la Nada frente al Todo de Plaza. La explosión queda muda en su aniversario, despues de haber explotado la "ciudad" para que fuera devorada por sus ecos.

El ruido riopedrense es la mentira de su esperanza. "Vive la esperanza en Río Piedras" es el dictum en una portada: Vive, según el titular, pero se escucha, según el texto del artículo que analiza las senales de vida que desde Río Piedras se entregan. "Basta pasear a mediodía por la pintoresca Plaza del Mercado, el Paseo de Diego y las calles principales para percibir el constante ir y venir de gente comprando, almorzando y trabajando. Bullicio, olores, kioskos, curiosidades, ventas especiales. Todo delata un casco urbano vivo".
15

Todo delata que la palabra condena a Río Piedras al folklorismo sonoro y a la viveza de una dilación y, sobre ella, una columna fracturada de prejuicios sonoriza la "revitalización" inexistente desde una mañana de noviembre de 1996. Río Piedras es el mensaje que se recibe, el proyecto SETI autóctono, desde donde se codifica y descodifica una isla en el ruido que la disuelve y la excluye.

Precisely because of its status as the frame for human presence, constituting the space of intersubjectivity where we appear for the other and therefore appear as ourselves, architecture is intricately related to the problems of being in the world.

- Alberto Pérez-Gómez

El cuerpo se disuelve en una plaza, siempre elocuente. El viaje diario del turismo interno excluye a Río Piedras e incluye siempre el Hotel de los Deseos en Hato Rey, el texto físico de las tesituras comerciales que es ya el nuevo pasaporte de uso para los que tengan que enfrentar preguntas identitarias en fronteras desconocidas. Plaza, sin apellido, es la arquitectura que se tragó a Puerto Rico, el Hotel Terminus de la Nación, la plaza que domina y autoriza a repetir la ida o la vuelta. *To go for seconds:* la realidad masturbatoria de un centro que oscila entre philia y eros, de nuevo fijados, ya no en una edificación que te recibe sino en una estructura que arropa el ser en el mundo.

Plaza Las Américas es, más que todo, un hotel

diurno, un gimnasio sin *personal trainers*, una onda expansiva de sinuosidad, la caminata del mananero. Ni fija ni indelirante, Plaza es el espacio que triunfa precisamente por la posible perversidad que lo engalana y lo convierte en eco de sus propios deseos.

De esa secuencia de onanismos, los habitantes ya no pueden descartar la ciudad que conocieron, la arquitectura pasada por el papel que se convierte en el pasaporte que los puede hacer cruzar hacia el futuro. Se consumen los cuerpos en su espacio. Tanto eros como philia se resumen en el tabú del consumo, ese pegamento que convoca al movimiento de los cuerpos, en philia, en eros, en el *building block* de cualquier estructura.

Como dice Tschumi: *"It is my contention that the movement of architecture is that moment when architecture is life and death at the same time, when the experience of space becomes its own concept. In the paradox of architecture, the condition between architectural concept and sensual experience of space resolves itself at one point of tangency: the rotten point, the very point that taboos and culture have always rejected".* [16]

La tangencia requiere esa pulsión por lo que la cultura rechaza. En una isla de espacios que hay que llenar, o que ya no hay que llenar, se puede concebir el rotten point, el punto podrido y las delicias que asoman de él. Eso es Plaza. Las plazas públicas de Beirut, de Estanbul, que se reconstruyen ahora como objetos de nueva recordación, o las alquimias de Kabul, o las adivinanzas estructurales de Nueva Delhi o México remiten a algo, o todavía desean remitir a un más allá nacional. *Not rotten yet.* Los suburban malls de California, Minnesota, Nueva Jersey, carecen de la exquisita centralidad de esta Plaza Rican que tiene el uno para todos tatuado en su mosquetera tenacidad. No son la Plaza que lleva ya el imaginario pasaporte puertorriqueño en su portada. Este es el rotten point imperecedero y la textura de la monumentalidad que se hace íntima, conectiva, *aurally correct*.

Si el hotel es el hábito en el que los que vienen habitan, los que están tienen a Plaza como la recámara de la que sí se habla y se escribe. De allí es desde donde se define y se complota la habitación de todos, y más aún, más íntima aún, la sala siniestra y el habitar siniestro. La práctica de nuestra habitación, un tan frágil y definido cuadrante de seduccion.

En contraste ofensivo, se sintoniza a Río Piedras en la pantalla televisiva como una gran venta de 99 centavos, en su pretendida excentricidad pueblerina - mujeres en rulos y chancletas, hombres en t-shirts con anuncios publicitarios, descombinaciones de colores, especiales de ropa, caos en las fotografías y los noticieros. Pero es allí, y no el Plaza, donde se busca alguna verdad en el ruido del folkore extremo, la expresión del bullicio con "esperanza" pero sin fe. La ironía de este centro del margen en el que se busca el imaginario popular de Puerto Rico es esa precisamente - que no hay una esencia puertorriqueña en la audiovisualidad del Paseo de Diego, aunque se reitere con obsesión en sus representaciones mediáticas.

Después de la explosión Río Piedras se convirtió en amenazantemente acústico, y aunque su río suena, parece que nada trae. Río Piedras acústico es cacofónico, en su mejor sentido y su peor. Decibeles de su ataque sonoro penetran hacia la imaginación de un país inexistente. El Río Piedras multisensorial, el

Río Piedras de la cartografía insensata es a la vez una partitura y una particion. En el tránsito del paseante por la Avenida Ponce de León – desde la Universidad de Puerto Rico hasta la Plaza – la citadela se desviste de su semántica acústica. Como el Hubbub del experimento, siempre en algún momento sus ruidos llegan a todas las esquinas a través de la televisión que la degrada y la insulta. Los contornos políticos de su ruido la ahogan. La imaginación mediática la ahoga aún más en una penosa decodificación que ata a Río Piedras a su nada: a ser el espacio de la sintonía nacional, el lugar de la deliberación eterna que no descansa.

3. Santurce: Poniendo al silencio en su sitio

¿Qué hace que sea excitante ver a un cuerpo corriendo? ¿Cómo es que la imagen de un cuerpo insistiendo en avanzar y derrotar una meta artificial –y quizás lograr una victoria sobre el pasado histórico, apapelado– mantiene la más rigurosa de las fascinaciones? Ya en siglo XXI, la gesta fundacional griega es naturalizada. El cuerpo es veloz con un propósito. Usain Bolt. Javier Culson. Nada más teórico que el dash to the finish line. Apapelar un récord, para que se escriba y se hable de él. El cuerpo buscando la forma de entrar en el lenguage.

Lo menos que quiere un cuerpo es que se pose el silencio sobre él. Un cuerpo citadino tampoco, menos. Por eso corre contra el reloj. Las ecuaciones y mediciones que se producen de Santurce indican que sus arterias y capilares ya no vibran, aunque pulsen. Las intensidades disminuidas de su circulación y su empuje se someten como verdades. Se habla de Santurce con una nostalgia indecente que impide la acción, se habla de Santurce con empatía que, como dice Sontag, es una forma de insensibilizar a otros, a uno. Como un atleta venido a menos, consumido por sus recuerdos, Santurce cangrejea. Como membrana en su época post-apoteosis, es sometido ahora a un marco disciplinario que lo cuenta como una corriente de fragmentos que llevan a: intermedio, mediación, desmaterialización. Turbulencias y post-turbulencias. Aguacates y tapones, cervecita y teatro, musiquita y pa' fuera.

Su cuerpo citadino es fuga. Un espacio desvalorado, de no-pertenencia, plataforma física de apoyo y locomoción para algunos, rituales del wikén y punto de partida. Lugar de riqueza sin riquezas y, ya hace bastante tiempo, subestimado y subestimulado por la imaginación arquitectónica. Terrible el andamiaje del pensamiento cuando entra en receso.

Los que viven a Santurce como segunda piel saben que se repira en sus silencios que no son cosméticos ni forzados. El trabajo visual de Huáscar Robles en las imágenes de su ensayo fotográfico "Los silencios de Santurce" sugiere la quieta movilidad de un lugar que ya entró en el lenguaje pero desea entrar de otra forma y comenzar por el silencio, nuevamente.[17] Y como "el objeto no es nada más que una línea imaginaria", sostiene al objeto santurcino en toda su respiración cotidiana, reimagina esas líneas de a diario -el comedor público, la cafetería, el salón de belleza, la parada - y las ofrece para movilizar el silencio de la fotografía y explotar. Con impulso, a pulso, salir de esa falsa imagen y quebrar desde la imagen la distorsión verbal de Santurce.

Robles coprotagoniza este experimento conceptual: Capturar la sensación de repetición en complicidad, en el mejor decir de Baudrillard: *"The photographic act consists of entering this space of intimate complicity, not to master it, but to play along with it and to demonstrate that nothing has been decided yet (rendre evidente l'idee que les jeux ne sont pas faits). What cannot be said must be kept silent. But what cannot be said can also be kept silent through a display of images"*.[18] Robles pone al silencio en su sitio.

Así se ve – y se siente – la nerviosa emoción, y la espera vencida, de una novia haitiana que ha esperado por su día de casamiento y se entrega a los preparativos, de blanco, desde el secreto de su peinado, la pose en el marco de la puerta de su casa, las amigas que se suben a su felicidad, la felicidad relativa, real y distante de la existencia en otra parte. Camino a la Iglesia de San Mateo, su silencio ya es tan santurcino como haitiano pues, como escribe Angélica Plá, "existe la historia de una mirada, un aprendizaje amarrado a la forma de vivir la ciudad".[19] Y en esa pausa para la fotografía, se captura el aprendizaje de la ciudad. La mujer observada vive en el silencio estético que ha perfeccionado, lejos de allá, pero bien cerca del aquí y sus rutas nuevas, buscando los gozos que ya le pertenecen.

Y son gozos serenos. Dentro de esa presumida estética desordenada, donde prima la difusión, el decentramiento, las "zonas de indeterminación" cuya topología es inconsistente, cuyos contornos son vagos, está el rasgo silencioso del movimiento. Ossi Naukkarinen propone esta "movilidad estética" que ve de la mirada al oído, y que es escogida: *"our everyday mobility consists of various ways of getting about, and sometimes our approach to them is aesthetically colored: we pay attention to how beautiful, ugly, fascinating or enthralling a walk, a drive, or a route is*".[20] Los fenómenos móviles – el *counter* de una cafetería en pleno mediodía; la incomodidad tatuada de las mujeres en la fila del comedor público que sopesan sol contra subsistencia; los intersticios que nadie mira, los cristales limpios que ligan la carrera diaria de los que por allí respiran; las esquinas de la otra avenida, la de salir, la Fernández Juncos –son fenómenos estéticos que aquí retratan un silencio vibrante.

Quizás lo más auténtico de esta exhibición es que no recarga al observador con significados forzados. Como, de nuevo, Baudillard diría, *"We may find an answer to the fact that people and things tend to no longer mean anything to each other. This is an anxious situation that we generally try to conjure away by forcing more signification"*.[21] Porque si bien en los silencios de Santurce están los cuerpos buscando la forma de entrar en el lenguage nuevamente, de retramitar las miradas y las palabras que se les ofrecen, no hay estruendo ni escándalo que los acompañe. No hay exceso de conclusiones pedigeridas, no se tuerce el brazo para generar impactos. Aquí hay ternura. Y aquí es Sontag quien habla: " *[T]he artist's activity is the creating or establishing of silence; the efficacious art work leaves silence in its wake. Silence, administered by the artist, is part of a program of perceptual and cultural therapy, often on the model of shock therapy rather than persuasion"*.22 El silencio, bien administrado, lo dice todo.

11.

SOUND CHECK: EL DJ DE LA PATRIA

What does it mean disarticulate, to cease to be an organism? How can we convey how easy it is, and the extent to which we do it every day? And how necessary caution is, the art of dosages, since overdose is a danger.

- Deleuze & Guattari

Es un grito, no es un llorao...

- Residente Calle 13

I. BOOM BANG, FILI-RENÉ: FILIBERTO'S MIX

Antes de correr, Filiberto Ojeda Ríos siempre estuvo de pie, uniformado, sonoro, estudiando, ejecutando su instrumento. El instrumento era la trompeta. En la década de 1950 recorrió y retumbó con Tito Puente, Miguelito Miranda y Vicentico Valdés el Morocco y otros clubes llenos de humo de ese Nueva York de las películas con un night club como centro de acción. Más tarde en los 1960s se salseó con La Sonora Poncena aquilatándose como un Mr. Trumpet Man. Kike Lucca, el fundador de La Sonora, lo dijo muchas veces: "Era un talento extraordinario, un gran trompetista". Y como se ha popularizado la imagen para hacerla más impactante, se dice que cambió el *smoking* de galán por el chaleco antibalas, que se fue del club al clandestinaje, de la música a la revolución, que es lo mismo que decir que salió del *underground* al *underground*. De hacer ruido a hacer más ruido.

Filiberto todavía es un *rappers's delight,* un *mixable sensation,* porque Filiberto toda su vida hizo lo que el rap y la música urbana solo anuncian, suenan y sueñan. Es perfectamento lógico y circular entonces que la asumida representación de la "marginalidad" –integrada por un dúo desconocido– se encargara de retomar musicalmente el peso de la muerte y la intentara anular y borrar y denunciar con el rap Querido FBI de Residente Calle 13. Grabado un miércoles, cinco días después de la embestida del FBI contra Ojeda Ríos el 25 de septiembre de 2005, ya el día siguiente –el jueves en la mañana– había sido secuestrado por programadores radiales y colocado en el centro de la controversia, donde nunca se había querido posar.[1] La canción no fue construída para ello (no seguía las fórmulas del *hit* instantáneo, y era para distribución *under* o *quasi-under*). La canción venía precedida por instrucciones. "A raíz del asesinato de Filiberto Ojeda Ríos, Comandante del Ejército Popular Boricua-Macheteros, Residente Calle 13 ha lanzado al dominio público esta canción titulada QUERIDO FBI. Invitamos a bajarla y reproducirla libremente". Pero cómo iban a perder la oportunidad las radioemisoras, en medio del feeding frenzy de la muerte de Ojeda Ríos, de sacar de contexto la canción para convertirla en un objeto marginal con intenciones "violentas", y que se llenaran de llamadas los programas de micrófono abierto en tiraera impertinente.

Residente -hasta ese momento un cantante desconocido e inconsecuente- cantaba en 2005 lo siguiente: Ahora voy a explotar con estilo en el nombre de Filiberto Ojeda Ríos/ Me tumbaron el pulmón derecho pero todavía respiro/ Me voy a los tiros pero todavía respiro/ A los federales con piedras les tiro y si no hay piedras, pues le tiro con guiro, con lo que sea/ Tumbaron al hombre, pero no a la idea. Años más tarde confesaría que en el momento en que la canción comenzó a difundirse fue que entendió "el poder del micrófono", la amplitud de la audioeuforia que desataría.[2] Fue el inicio de una carrera que lo llevó a resonificar la Isla y países circundantes con el eco de una revolución. Fue el *sound check* que reformuló el sonido de esa década, en la que prevalecían el rap y el reggaetón como dúo dinámico. Revestido de una marginalidad no necesariamente marginal, René Pérez bautizó el urbanismo político de su música con la muerte de Filiberto. Ojeda Ríos en su muerte y con su muerte cambió el curso sónico de la Isla. Puso en circulación, como DJ de la patria en un mix póstumo, y en el aniversario del Grito de Lares, la música que alteró el predominio del boom boom reggaetonero y le anadió una secuela de motivación panamericanista al rumbo sónico de la Isla. Esa motivación fue la que Residente Calle 13 tramitó y transaccionó en su trayectoria ascendente como galardonado *enfant terrible* de la música y que, años después, en 2011, coronaba con su tema "Latinoamérica" -una canción/ tratado sobre la unidad e independencia de los países latinoamericanos- y, marginado y censurado por la radio, vetado por políticos, restringidas sus presentaciones en la Isla, toma venganza al convertirse en el artista más galardonado en la historia de los Grammys Latinos. La muerte de Ojeda Ríos selló un comienzo, un relevo sónico, y ahí Calle 13 estaba involucrado e infiltrado. Lo que Fili puso en circulación René sonificó en su ejecución. La sangre de Filiberto vino primero y luego la difuminación de su organismo -de su idea sonora- a través del ruido hecho por otros. Como habían cantado sus compañeros de La Sonora Ponceña décadas antes, hubo grito y fuego en el 23 -esta vez de un septiembre, y con una incesante secuela de sonidos: Filiberto regresó como DJ póstumo de la patria, como inmortal pinchadiscos.

•••

Un DJ, uniformado y armado de sonidos, siempre se encuentra en el centro de un trance. Su misión es silenciar. Su ejecución -pichar discos, someter al entorno a un orden tan espontáneo como premeditado que desplace y estremezca y silencie a todos los otros- puede alcanzar el rango de proveedor de mundos alternos. Su ruido es una galaxia de realidad, una pulsión indescifrable, un enigma deliberado, entre el azar y la secuencia. La creación de una ruptura.

Cuán interna o extrena sea esa ruptura que el DJ manufactura puede depender de la motivación que la inspire, de cómo los cuerpos que la reciben la perspiren, de dónde se apropie el DJ de ese poder de recombinar y reconstituir los fragmentos y los sonidos que tiene a su disposición. Alexander G. Weheliye ha sostenido que la modernidad afrosónica se construyó en eslabones de ecos metadiscursivos que permanecieron instalados en el complejo juego literario

218

de los rescatadores del alma afroamericana, un juego muy serio que desencadenó *"a series of compounded materiodiscursive echoes in and around black sounds in the West"*. [3] Para el autor, fue W.B. Du Bois –figura cimera de la intelectualidad afro-americana a principio del Siglo XX – el que anticipó con sus discursos, con su oralidad, y sus escritos (especialmente en su obra *The Souls of Black Folk*) la creación de una genealogía del sonido afroamericano, el hombre que quebró silencios y de cierta forma inició la resonificación formal de su raza al recopilar los fragmentados de la música en su obra. Sus escritos fueron los mixes de un "proto-DJ", según Weheliye, que retaba las formas tradicionales de decir y de sonar hacia una memoria que se dispersaría, intensificando su importancia. El resutado, visto retrospectivamente, fue la resonificación del espacio discursivo afroamericano para que los ecos ya conocidos fueran diferentes, y su impacto mayor. Los DJs afroamericanos contemporáneos, alega Weheliye, son hijos creativos del hombre que sin pensarlo legó tras su muerte la reagrupación del alma en sonido, y de su anverso. Su método se encontraba dentro de su texto – la utilización de la notación musical de fragmentos de canciones spirituals en su libro proporciona la cifra que permite más tarde consultar, anclar y soltar esas notas en la "doble conciencia" de la recombinatoria: *"[mixing] provides two modes of sonic double consciousness: on the one hand the DJ matches up two different forms of sonic in the mix, and on the other hand, the audience and the DJ have to negotiate their expectations and rituals in the sonic space of a club"*. [4]

Cuando el espacio es más extenso que un club, la recombinatoria es una larga narrativa, un huracán espermatozoidal de remixes que integra y descompacta las estructuras vibracionales cotidianas, y logra desbordar lo que estaba enterrado en el pasado. Como un coagulado que fluye, es la deliberación perceptible de una secuencia de sonidos, la casa de la teoría practicada que atraviesa décadas hacia el presente en los márgenes de la escritura musical y la escritura literaria, en el centro de la marginalidad, y en su anverso, de un margen a otro.

•••

Ni la música urbana ni Ojeda Ríos son marginales verdaderamente. Están, han estado en el centro de todo, irreconocidos pero ahí, en pugna y sincronía a con su verificación. El funeral de Ojeda Ríos fue la prueba más contundente, la señal más poderosa de que él estaba en el centro aunque no estuviera presente ni fuera escuchado desde sus márgenes. Merodeaba en el centro de algo, al igual que el rap y el reggaetón y el urban music. En el centro de qué es la pregunta.

El funeral del músico/guerrero/fugitivo/patriota/ nacionalista fue la convocatoria instantánea del *Underground Nation* que nada tiene que ver con la marginalidad construida para la simpleza descriptiva. ¿De dónde salían las camisas con su imagen? Eran muchas, por todas partes. ¿Se habían guardado para esta ocasión, en la previsión de una tragedia tal? ¿Quién podía imaginar que tantos llegarían hasta Río Blanco en Naguabo después de cinco, seis horas en ruta ataponada para acompañar al que de un disparo pasó de patriota de referencia a ser patriota de preferencia? Quizás las pancartas y los carteles eran el despliegue de una generosidad un poco defensiva, quizas se revestían con una patina de incredulidad e incomprensión, pero igual la presencia de los cuerpos – miles – bastaba, y el desconocimiento de muchos de los códigos apropiados de esa presumida marginalidad (alzar el puño derecho en vez del izquierdo en reacción automática al ver pasar el cadáver es un ejemplo de ternura automática, parafraseando a La Secta) parecía denotar un cambio amable o una tregua (y como toda tregua, temporal) de clase, estado social, e identificación política de esos que habían llegado al funeral en SUVs y que probablemente en la noche, bajo el manto de su acondicionador de aire central y ya alejados del tumulto de Naguabo, se acurrucarían bajo las sábanas para reir con el monólogo inicial de *Late Night With David Letterman*. Se podría entender el puño al aire de estos como un gesto musical: una cita, un sampling, una intertextualidad quizás desvestida de rigor pero igualmente articulada con la mano derecha o con la izquierda. Así, con mano al aire, un director de orquesta comienza o termina sus decretos. Daba igual entonces si el código era el correcto o no. Se dio. Algo se dio, y algo cedió. En realidad, querían apropiárselo pero no sabían cómo.

Por eso, recibir QUERIDO FBI por correo eletrónico, e-maileado rápidamente por amigos, con urgencia, con solo una oración exclamativa que invitaba a dejarlo todo y hacer lo que pedían ("¡Escucha esto!") fue la audiocracia participativa en acción, la apropiación íntima, sin poses. Pero la apropiación de la canción por la radio (donde primero la escucharon muchos puertorriqueños) fue un triple oportunismo: tocar una canción que nunca hubieran tocado de un desconocido cantante urbano que nuca hubieran sonado sobre un hombre del que poco se hablaba, antes. La canción le inyectaba vida al cadáver. Lo reavivaba desde el bajo tierra literal, desde el verdadero underground. Lo verdaderamente revolucionario es este nuevo public domain de ambos, la circulación que ambos - cantante y guerrero - lograron, su recorrido por el Internet y la radio, la música exponiendo al cuerpo de Ojeda Ríos a explorar los límites del uso y del abuso, a replantear los límites del dominio público, a comenzar una discusión sobre la libertad cultural. Como Residente escribió en su Se vale to- "se pone de miniserie".

La miniserie atravesaba la geografía. En Portland, Oregon, Marlena Gangi, una fotoperiodista, colocó un poema - *"eulogy"* - en un website como tributo a Ojeda Ríos. Esto dice casi al final:

> and when our singers
> drop the microphone for
> the molotov
>
> when our musicians
> drop the guitar for
> the gat <trigger enhanced>
>
> when our last poet
> drops her pen for
> prophecy
>
> when we grow

more angry than
afraid
we will win

Gangi, como Residente, estába hablando de la cultura, propiamente. No es su principal intención biografiar con sutilidad al músico abandonando su guitarra y abrazando las armas, sino retomar una lucha de siglos contra los controles creativos y la censura. Su poema, al final, lleva el distintivo "®*anti-copyright--distribute freely*", para asegurarse de llegar – al igual que Residente Calle 13 –a todos los que filosóficamente desean proponer y construir un nuevo orden de circulación, de lo propio a lo in-propio – a lo no de uno, a lo de nadie, a lo de todos. Traficar en la distribución y masificación de lo que se da libre, sin trueque ni intercambio monetario, como el download de QUERIDO FBI, y la reproduccion de eulogy, por aquello ya sabido de que la copia es el original cuando el original ya no existe. Despojarse del derecho a la propiedad intelectual es el arma de la que Gangi habla. Despojarse de los propósitos comerciales de una canción o de un poema o de cualquier obra de arte es sencillamente lanzar una bomba molotov.

Siempre es obscena la batalla entre lo privado y lo público. Kembrew McLeod es profesor universitario pero aún más que eso – ha estado luchando desde el *overground* contra la sujeción a todo tipo de controles legales a la palabra, a la reproducción y a la cultura. Lo hace como lo hizo Ojeda Ríos hasta su muerte, subvirtiendo, pero McLeod lo hace desde adentro, como inside job. En 1998 el *U.S. Patents Office* le otorgó a McLeod la patente de la frase *freedom of expression*, que en rigor ahora habría que escribir -como él lo hace a veces, para irritar a los que otorgan permisos -con el distintivo de propiedad privada, de copyright, de derecho individual: *freedom of expression*®. Un trademark que logra McLeod para demostrar que la libertad de expresión está privatizada. 5 Y como la privatizó él, pues la lanza de nuevo al mundo y puede ser de todos. Reclama McLeod que hay que repartirla, pero para hacer eso hay que poseerla.

Como estrategia cultural, la liberación de las obras se va colando contracorriente, pero se va colando. El exministro de cultura de Brasil, el cantante Gilberto Gil (quien sufrió en los 1960s la censura por ser lider de la oposición musical contra la dictadura militar, fue encarcelado y luego exilado a Londres), contaba en sus años en el gobierno con solo $120 millones para regentar los programas culturales de una nación de 170 millones de habitantes. Liberalizar los controles y relajar las leyes que conspiran contra la creación fueron sido sus objetivos. Quería aumentar la producción cinematográfica, quiere alentar la producción musical. Y entonces decidió ser líder con el ejemplo. En 2003 -ya designado ministro- fue el primer cantante en firmar con la organización Creative Commons para liberarse de los derechos sus nuevas canciones, para que sus canciones pudieran en su momento ser comunalmente creativas, utilizadas, cortadas, grabadas, manoseadas, sampled por todos sin que se requiera pagar por hacerlo. *No pay for use.* En una conferencia en Nueva York, Gil elogiaba a Café Tacuba y su álbum Re - que tiene como lema la frase "Repetición, reiteración, reciclaje, resistencia" - por la canción El ciclón, que sirve como coda y lucha contra la simbología de la privatización:

Yo® flor, polen®, abeja, oso, pez®,
agua sube nube, árbol®, oxígeno®, pulmón
Como Residente, como McLeod, como Gangi, Gil se tiraba al único ruedo que puede concebirse como culturalmente (re)evolucionario: el dominio de la calle que suena. Y ese ruedo inspira miedo.[6]

II. ¿QUÉ SON "RESTOS INMORTALES"?

we will allow no listless
legacy here
no footnote to history
no academic afterthought
never another puerto rican obituary

- Marlena Gangi, "eulogy"

When I die, what I would really love... is for somebody to take my body, get in a car, go to Washington, break through the front gate of the White House, and just throw my body onto the steps, risking arrest. It would be a much more enjoyable gesture than a bunch of people in a quiet room somewhere, speaking, where the words audibly fall.

- David Wojnarowicz

Cuenta Katharine Verdery en *The Political Lives of Dead Bodies* que el cadáver de Ferdinand Marcos no sufrió mucho calor en los años posteriores a su muerte ya que su famosa esposa Imelda desnudó de zapatos y habilitó un clóset en su casa, en el que lo mantuvo en un tranquilo refugio refrigerado, impermeable a cualquier signo adicional de desgaste y desvergüenza. Pudo haber sido Marcos un cadáver protegido y mimado, pero no totalmente aislado, ya que salió del clóset dos veces después de su muerte -en 1990 para su fiesta de cumpleaños y para la celebración de su aniversario de bodas en 1992.

Al final, el regreso a casa que Imelda había soñado se cumplió. *"Marcos was allowed to return home. He was placed in a glass coffin before an eternal flame, relaxing to the tunes of Mozart - until the electric company pulled the plug on his cooled corpse for nonpayment of his music and refrigeration bills"*.[7]

"Los cuerpos de los muertos", comenta Verdery, "poseen propiedades que los convierten en símbolos políticos particularmente efectivos. Son excelentes medios para acumular algo esencial para la transformación política: capital político". Y, como son tan efectivos, también provocan miedo.

•••

¿Qué miedo inspira un trompetista, la música, la sonoridad, la libertad de expresión®, la libertad cultural? ¿Era Ojeda Ríos realmente tan temible como para inspirar y movilizar un ataque de 109 disparos? ¿Fue el miedo el que causó el show of force contra este hombre que estaba allí -de 72 años, pelo blanco, dueño de un marcapasos y de guayaberas blancas- o fue solo una venganza contra aquel otro hombre, el mismo que por 15 años burló a sus perseguidores y frustró todo intento de captura? Ojeda Ríos fue herido y dejado en el piso mientras se desangraba. El FBI alegó que lo encontró vestido con ropa de camuflage y con las botas de compate puestas. El informe de autopsia indica que Ojeda Ríos fue encontrado con su mano izquierda sobre la herida en el pecho, apretándose, tratando de parar el sangrado.

Ojeda Ríos (esposo, padre de cuatro, abuelo de ocho) siempre demostró su sagacidad, su calle, su osadía física, su talento, su inteligencia. No era en rigor un intelectual como Pedro Albizu Campos con su poder de oratoria y su título de Harvard. Cuando murió Albizu Campos en 1965, a los 74 años, después de muchos de ellos en prisión en Estados Unidos y Puerto Rico, su piel se delineaba en quemaduras por lo que se ha asegurado fueron experimentos de radiación a los que fue objeto durante su estadía en la cárcel. Albizu Campos, su cuerpo, fue objeto. Un objeto objetado. El cuerpo abatido de Albizu Campos es el más vivo registro carnal del abuso colonial que desata y descubre el sentimiento nacionalista. Objeto en vida; sujeto por todos en muerte.

Como esa memoria de Albizu Campos sigue viva, epidérmica, el cadáver de Ojeda Rios –imaginado pero todavía no visto 24 horas despues de desangrarse hacia la muerte- se convirtió en otro obstáculo simbólico para las autoridades federales. Los agentes del FBI y del ATF confrontaron lo que verían como un problema monumental: cómo transferir el cuerpo de Ojeda Ríos desde su lugar de muerte sin exacerbar la opinión pública, y crearle más problemas al gobierno estadounidense al convertirlo primero en ruido y luego en monumento. Porque un cadáver, un entierro, y los rituales que le siguen a la muerte siempre tienen la misión de (re)sacralizar a los distantes, a los olvidados, las personas a las que no se le ha prestado atención por algún periodo de tiempo, como comenta Katherine Verdery. Súbitamente, Ojeda Ríos® ya no era clandestino. Dos días después de su muerte su cara y sus manos ya habían sido reproducidas en esculturas de yeso para la posteridad, el gobierno municipal de Hormigueros había anunciado que la residencia en que fue asesinado sería un museo y la calle en la que está localizada llevaría el nombre del patriota. La familia de Ojeda Ríos anunció la creación de una fundación en su nombre. Y Residente Calle 13 había logrado auralizarlo a través del pegamento funcional de su urban sound. Un hombre desangrado hecho sonido, un hombre deshecho hecho ritmo urbano. De nuevo la máxima: hay que repartirlo, pero para hacer eso hay que poseerlo sin intermediarios.

El FBI sirvió esa invitación de uso para que los restos (que no son mortales ni inmortales, porque ya no mueren ni se eternizan) se inmortalizaran como cuerpo. "Queremos el cadáver intacto, sin mutilaciones ni manipulaciones", pidió a las autoridades Héctor Pesquera, médico, portavoz de la familia, y líder del Movimiento Independentista Nacional Hostosiano. "Queremos que el patriota sea devuelto a su isla con su integridad física preservada". Pesquera estuvo presente en la autopsia, vio el cuerpo y sus heridas. "Los agentes del FBI mienten. No se puede creer lo que dicen. Filiberto Ojeda ya no es un fugitivo. Está muerto, pero su cuerpo dirá la verdad".

¿Y qué dice un cuerpo cuando muere? ¿Qué sonidos emite? ¿Cómo organiza en ese sound check final lo que dijo y sonó antes, y lo que otros dicen y suenan por él ahora? El establecimiento de un nuevo tiempo sonoro (musical y político) se revela como la herencia perpetua de un cadáver. Su capital político transformado en capital cultural es imposible de apresar, es una ola de memorias sonantes. Y en ese tiempo, como ha descrito Michael LeVan, se cuela una estrategia de durabilidad: *"Sonorous time has a strange presence of ebbs and flows. It evades capture and exceeds duration"*.[8] Igual que el hombre detrás de la música: Evade captura y excede duración.

El cuerpo tiene que dividir su nuevo tiempo, ya eterno, y recibe sus honores póstumos (Ateneo Puertorriqueño, el Colegio de Abogados), y recibe sorpresas póstumas. En La Universidad de Puerto Rico, con rabia inmitigada, decenas de estudiantes escribieron con aerosol y ketchup en las paredes de los concesionarios de comida rápida. Un fast food fight contra el imperio colonial en el que las hamburguesas eran proyectiles en los ataques a los arcos dorados de Mc Donald's, en el atentado contra el reino de Burger King. También lo siguiente que cantaba Residente: Protesto por una masacre en Ponce/ Protesto por un Cerro Maravilla y hasta por un septiembre 11/ Lucha, lucha, como lucha libre por la libre, viva Puerto Rico libre/ Hay mucho tiburón en el Caribe/ 100 x 35 es el calibre.

Entre el ketchup en el piso de la UPR, parecido a la sangre de las películas, las filas para ver a Ojeda Ríos por última vez y la libertad de una canción que corrió sin mediadores publicitarios, de mano en mano, de calle en calle, con diferentes timbres de humanidad se escribió el obituario de Don Luis, el septuagenario que cuidaba las rosas en su jardín, el del hombre del smoking al que apodaban "Indio" y que practicaba con su orquesta, y el del Filiberto que buscaron por 15 años. Y son de dominio público no solo sus ideas –como dijo su hijo Edgardo– sino la canción y el debate sobre la posibilidad de crear y regalar y sonificar (política, culturalmente) sin que nadie se adueñe de lo que se ofrece.

En el funeral de Ojeda Ríos, se leyó un comunicado de Los Macheteros firmado por el Comandante Guasábara, y un comentario volvió a corporalizar los restos en música: "Se equivocaron. La trompeta de la libertad continúa en nuestros corazones, llamándonos a la lucha". Fue un grito, no un llorao. Años atrás, en una entrevista, Kike Lucca había enviado respetos y pedidos a su antiguo músico estrella. "Estoy orgulloso de él, pero creo que debería recapacitar. Que deje de correr y regrese a la trompeta". Pero en el dominio de la calle no hay treguas. Ahi son los retos, no los restos, los inmortales. "Que deje de correr y regrese a la trompeta". Ninguna de las anteriores. En realidad, todos querrán apropiárselo pero no sabían cómo. Ya estaba en el ruido sincronizando su dispersión. En los sonidos que despedía el cuerpo en su despedida. Que el sonido, en todo caso, es cuerpo y repetición *"where words audibly fail"*. Los gritos se registraban, y así también los pedidos de la memoria. Hasta en un funeral, no es ver lo que se espera: Lo que se espera es un ruido, un sonido, un mensaje, un blip, una tos.

NOTAS

1 INTRODUCCIÓN: DEL SER SONANTE

1. Svetlana Boym, *"The Off-Modern Mirror"*, e-flux journal 19, octubre 2010, p. 1, http://www.e-flux.com/journal/the-off-modern-mirror/

2. Ibid

3. Giorgio Agamben, *"What Is an Apparatus?" and Other Essays*, Trad. Davis Koshik y Stefan Pedatella, Stanford University Press, 2009

4. Juan A. Suárez, *Pop Modernism: Noise and the Reinvention of the Everyday*, Illinois University Press, 2oo7, p. 8

5. Ver *'Marshall McLuhan Interview From Playboy 1969"*, http://www.cs.ucdavis.edu/~rogaway/classes/188/spring07/mcluhan.pdf

6. Theodor Lessing, citado por James McDonald en , *Prakash*, Gyan, ed. *Noir Urbanism: Dystopic Images of the Modern City*, Princeton University Press, 2010

7. Ver Davide Panagia, *The Political Life of Sensation, Durham*: Duke University Press, 2009

8. Roland Barthes, *The Responsibility of Forms: Critical Essays on Music, Art and Representation*, University of California Press, 1991, p. 247.

9. Jean Luc Nancy, *Listening,* New York, Fordham University Press, 2007, p. 25

10. James Donald, *"Sounds Like Hell: Beyond Dystopian Noise"* en Prakash, Gyan, ed. Noir Urbanism: Dystopic Images of the Modern City, Princeton University Press 2010, p. 34

11. Benedict Anderson , *Imagined Communities: Reflections on the Origins and Spread of Nationalism,* Londres y Nueva York: Verso, 1991, 1983, p. 145

12. Los gritos, las irrupciones sonoras y las interferencias se multiplican en estos casos: *"Weeeepa"*, portada de Primera Hora, 30 de julio de 2010, tras "gloriosa jornada de 22 medallas" en los Juegos Centroamericanos celebrados en Mayaguez; Marga Parés Arroyo, *"Silencio sonoro"*, El Nuevo Día, 27 de septiembre de 2011, p. 18. Es el tortuoso caminar de la iniciativa del plan Mi Salud es lo que está "detrás del silencio que mantiene el gobierno"; Cynthia López y Daniel Rivera, *"Grito de depudio"*, El Nuevo Día, 15 de junio de 2011, protestas de organizaciones

independentistas opuestas a la visita del presidente Barack Obama a la Isla; Raúl Camilo Torres, *"Grito en el cielo por nueva multa"*, El Vocero, 3 de marzo de 2011, contra proyecto de ley que establecia multas de hasta $1,000 por no renovar el marbete y seguro obligatorio a tiempo; "No hay pero ciego que el que no quiere oir", la entonces presidenta de la Junta de Síndicos de la Universidad de Puerto Rico Ygrí Rivera, en entrevista radial, refiriéndose a los estudiantes universitarios que escenificaron una huelga contra la imposición de cuotas adicionales. Primera Hora, 12 de febrero de 2011, p. 19; Yalixa Rivera Cruz, *"La Isla debe posicionarse como paraíso vacacional"*, El Nuevo Día, 25 de marzo de 2011, p. 42: *"Falta trabajo por hacer para encantar al turista de crucero"*; Yalixa Rivera Cruz, *"Urgen continuidad para la marca de Puerto Rico"*, El Nuevo Día, 18 de febrero de 2011, p. 39: "Hoy somos las Islas de Puerto Rico, manana un continente y en el proceso lo que hemos hecho ha sido confundir a todo el mundo", indicó [Ismael] Vega'" - presidente de la Junta de la Asociación de Hoteles y Turismo de Puerto Rico (PRHTA), quien dijo estar buscando para Puerto Rico "una sola marca de destino" (DMO, por sus siglas en inglés); Yalixa Rivera Cruz, *"A la casa de inversionistas"*, El Nuevo Día, 14 de junio de 2011, p. 54: El líder financiero puertorriqueño Miguel Ferrer se imagina a la isla como una contestación, el murmullo nominativo que debe entarle por los oídos a los inversionistas, y sugiere una campana con el lema *"Puerto Rico is the answer"*; José A. Delgado, *"El status resuena en EE UU"*, El Nuevo Día, 16 de septiembre de 2012; Marga Parés Arroyo, *"Muchos escuchan el llamado del mar"*, El Nuevo Día, 17 de septiembre de 2012. Ver también Bruce Bower, *"A man lost in musical time: researchers document the first case of beat 'deafness'"* , Science News, marzo 26 de 2011, Vol. 179 #7, p. 9

13. Mary Zournazi, *"Interview with Brian Massumi"*, http://www.extrememediastudies.org/extreme_media/4_reading/pdf/Navigating_Movements.pdf , página 3.

14. *El Nuevo Día*, página 1, domingo 25 de marzo de 2012

15. David Wills, *Dorsality: Thinking Back Through Technology and Politics*, University of Minnesota Press, 2008

16. Ver Brian Massumi, *Parables for the Virtual: Movement, Affect, Sensation*, Durham: Duke University Press, 2002, p. 4-5

17. Ver Emmanuel Levinas, *Otherwise Than Being, Or Beyond Essence*, Duquesne University Press, 1998, p. 49-50

2. AMARILLO MANGÓ

1 Lama Bonilla, Rafael, *"Flora logra cuenta de Harris Paint"*, El Nuevo Día, 17 de julio de 2006, p. 39. Ver también Bárbara J. Figueroa Rosa, *"Gustos boricuas"*, Primera Hora, 30 de junio de 2011, p. 16, sobre *"Marcas que marcan"*, un estudio llevado a cabo por la Asociación de Ejecutivos de Ventas y Mercadeo de Puerto Rico y la memoria de los *jingles* publicitarios, Anitza Cox, directora del Área de Análisis y Política Social de la firma de consultoría Estudios Técnicos, que realizara la encuesta, observó que estaba "maravillada con el espectro en la mente del consumidor que todavía lo recuerda".

2. Desmond, Marilynn y Pamela Sheingorn. *Myth, Montage and Visuality in Late Medieval Manuscript Culture*, University of Michigan Press, 2006

3 . Ver De Portzamparc, Christian y Philippe Sollers, *Writing and Seeing Architecture,* University of Minnesota Press, 2008. La falta de intensidad en la discusión pública de los sonidos y el "paisaje sonoro" se ha adjudicado también a la predilección teórica por la textualidad, siguiendo las novedades teóricas en la década de 1970. Ver David W. Samuels, Louise Meintjes, Ana María Ochoa y Thomas Porcello, *"Soundscapes: Toward a Sounded Anthropology"*, Annual Review of Anthropology, Volume 39, 2010, p. 329-345, p. 331: *"... the soundscape concept has circulated more outside anthropology than within it and more widely outside North America than within it. This failure to take root could be in part because Schafer's neologism was broadly contemporaneous with the publication of Spivak's translation of Derrida's On Grammatology (1976), which heralded a disciplinary turn away from voice and sound as presnece toward a focus on textuality and inscription".*

4. Paul Valéry, *Cahiers II*, Paris: Gallimard, 1974 , citado en Nancy, Listening, p. 15

5.Ver Giorgio Agamben, *"Metropolis"*, http://www.egs.edu/faculty/giorgio-agamben/articles/metropolis-spanish/

6. Ver Jacques Attali, *Noise*, p. 33

7. Davide Panigia, *The Political Life of Sensation*, Durham: Duke University Press, 2009, p. 61

8. Panigia, Ibid.

9. Ver Juan Duchesne Winter, *Ciudadano Insano: ensayos bestiales sobre cultura y literatura*, Río Piedras: Ediciones Callejón, 2001

10. Jean Luc-Nancy, *Listening*, New York, Fordham

University Press, 2007, p. 12-13

11. Slavoj Zizek, *"In His Bold Gaze My Ruin is Writ Large"*, http://www.lacan.com/boldgazef.htm

12.Ver Michel Serres, *Genesis: Studies in Literature and Science,* University of Michigan Press, 1997, p. 55

13. Ver Michael Walzer, *On Toleration*, New Haven: Yale University Press, 2004

14.Ver Victoria de Grazia, *Irresistible Empire: America's Advance Through Twentieth-Century Europe*, Harvard University Press, 2005

15. Ver Slavoj Zizek, *The Parallax View,* MIT Press, 2006, p. 7, 169

16. Miguel Rodríguez-Casellas, *"Puertoricanism, or Living at Ease in the Surface"*, Harvard Design Magazine 34: 2011, p. 138-147 (cita p. 145-146)

17. Joseph Nechtaval, *Immersion into Noise,* Open Humanities Library, 2011

18. Ibid. Ver además Torben Sangild, *"The Aesthetics of Noise"*, http://www.ubu.com/papers/noise.html

3 DECISIONES SÓNICAS: "LLÉVAME AL LUGAR DONDE ESTÁ ESE RUIDO"

1. Sylvére Lotringer, prólogo, en Paolo Virno, *The Grammar of the Multitude: For an Analysis of Contemporary Forms of Life*, Semiotext(e) Foreign Agents Series, MIT, 2004, p. 7. Véase además Arved Ashby, *Absolute Music, Mechanical Reproduction*, Berkeley, University of California Press, 2012, p. 130-137, para una relación del retiro de Gould de los conciertos públicos en 1964 y su legado discográfico.

2. Paolo Virno, p. 53

3. Jean Luc-Nancy, *Listening*, New York, Fordham University Press, 2007, p. XX

4. Doghouse Boxing, *"Interview with Carlos Ortiz: If I Could Box Today, I Would!"*, http://www.doghouseboxing.com/Newman/Newman031504.htm

5. Douglas Kahn, *Noise, Water, Meat: A History of Sound in the Arts*, MIT Press, 1999, p.69

6. David Schwartz, *Listening Subjects,*

7. Guy Rosolato, *"La voix: entre cops et langage"*, Revue francaise de psychanalyse 37 (1974): 75-94, p 292.

8. Michel Chion, *Audio-Vision: Sound on Screen*, Columbia University Press, 1994, p. 60-61

9. Bernhard Gal, http://www.bernhardgal.com/soundbagism.html: "soundbagism, intermedia installation. Part of *"The Luggage Project"*, a group exhibition of luggage art curated by Max Yawney, Denver International Airport, USA – July 9 to October 3, 2004"; "The collected sound materials were remixed and restructured later on, creating a 40 minutes long composition. The title relates to 'Bagism', a term coined by John Lennon adn Yoko Ono at one of their happenings in 1969. "soundbagism, intermedia installation.

10. Don Ihde, *Listening and Voice*, State University of New York Press, 2007

11. Ihnde, Ibid

12. Goh, Meow Hui, *Sound and Sight: Poetry and Courtier Culture in the Yongming Era (483-493)*, Stanford University Press, 2010, p.2

13. Henri Lefevre, *The Production of Space*, Donald Nicholson Smith, tr., Blackwell Publishing, 1974

14. Adal Maldonado, *Mambo Madness*, http://www.youtube.com/watch?v=Z_QurRzLijI&feature=share&fb_source=message: "Mambo Madness takes place in a Totalitarian State called Silencio City. It unfolds in an Asylum designed to resemble a night club that has been created to detain citizens that have been infected with a virus called "clave": the erotic and propulsive rhythm that keeps time on the dance floor of the imagination. Conceived and Edited by Adál Maldonado, Music: Bésame Mucho written by Consuelo Vásquez, performed by Gonzalo Grau, A Production of Strange Cargo Films, 2007 Broadcast on WNET Channel 13 as part of the Reel New York Film Festival, 2008. "Mambo Madness is prophetic and profound. It points to the reality that it is far greater than Reefer Madness, Communism, Conservatism, and Rock 'n Roll. There is no cure! There is no control! There is no end! All Reactionaries, Liberals and Revolutionaries take notice. The "clave" virus will continue to spread. It will liberate the world!"

15 *"¿A qué huelen los latinos? A violeta y azmizcle, dicen algunos"*, The Wall Street Journal, 31 de agosto de 2001

16 Ibid

17 Ibid

18 Carlo Carrá, *"The Painting of Sound, Noises and Smells"*, 11 agosto 1913

4. SON CÍVICO: GROSS NATIONAL NOISE

1. Wogensky, André, *Le Corbusier's Hands*, MIT Press, 2006

2. Andrew Licht, *Sound Art: Beyond Music, Between Categories*, Nueva York: Rizzoli, 2007

3. Gilberto Pérez, *The Material Ghost: Films and Their Medium*, The Johns Hopkins University Press, 1998

4. *Life of Sin*,

5. TV Guide, http://movies.tvguide.com/a-life-of-sin/review/129590

6. Song Hwee Lim, *"The Singapore Failure Story, 'Slanged Up'"*, Berry C (eds.) Chinese Film in Focus II, Palgrave, 2008, p. 12

7. Shih Shu-mei, *Visuality and Identity: Sinophone Articulations Across the Pacific*, University of California Press, 2007, p. 2

8. Ibid, p. 2

9. Henri Béhar, *"Cultural ventriloquism"*, en Atom Egoyan, ed., Subtitles, MIT Press, 79-88, p. 85

10. Amresh Sinha, *"The Use and Abuse of Subtitles"*, en Atom Egoyan, ed., Subtitles, 171-192, p. 172-173. En la producción de películas puertorriquenas, la utilización del inglés como zona franca comercial se intensifica desde la década de 1990 hasta el presente (Shortcut to Paradise, The Caller, The Witness, Under My Nails), mientras se intenta estructurar una industria cinematográfica local que nunca ha existido, excepto en la intención interrumpida de la Corporación de Cine.

11. Ibid, 172-173

12. Akira Mizuta Lippit, *"Digesture: Gesture and Inscription in Experimental Cinema"* en Carrie Noland y Ness, Sally Ann, Migrations of Gesture, University of Minnesota Press, 2008, p. 126-127

13. Franco Casetti, *Eye of the Century: Film, Experience, Modernity*, Columbia University Press, 2008

14. Jennifer Barker, *The Tactile Eye: Touch and the Cinematic Experience*, Berkeley, University of California Press, 2006

15. R. Murray Shaffer, *The Tuning of the World*, Nueva York, 1977

16. Song Hwee Lim, *"The Singapore Failure Story, 'Slanged Up'"*, Berry C (eds.) Chinese Film in Focus II, Palgrave, 2008, p. 12

17. La página de Facebook *"El doblaje en Puerto Rico"* convoca a la nostalgia activa de la voz, mientras pone caras sobre

voces para las nuevas generaciones que no escucharon las voces ni vieron las caras en televisión.

18. *El Nuevo Día*, 29 de junio de 2011

19. Ver *"Propone revivir el doblaje en la isla"*, WAPA TV, 16 de febrero 2011: http://www.wapa.tv/noticias/politica/propone-revivir-el-doblaje-en-la-isla_20110216203220.html y

http://www.senadopr.us/Comunicados%20de%20 Prensa/DENUNCIAN%20COMPETENCIA%20 DESLEAL%20CONTRA%20ARTISTAS%20 PUERTORRIQUE%C3%91OS.pdf

20. Ver Adriana Cavarero, *For more than one voice: Toward a Philosophy of Vocal Expression*, Stanford University Press, 2005

21. William Anthony Nericcio, *Tex(t)-Mex: Seductive Hallucinations of the "Mexican" in America*, University of Texas Press, 2007 , p. 126

22. Ibid, Michel Foucault, citado por Nericcio, p. 36

5. ENCANTAMIENTOS: MUSIDEMOCRACIA

1. Martin Munro, *Different Drummers: Rhythm and Race in the Americas, Berkeley*: University of California Press, 2010, p. 220

2. Elizabeth Grosz, *Chaos, Territory, Art: Deleuze and the Framing of the World*, Columbia University Press , 2008, p. 51

3. Ibid, p. 53

4. Ibid, p. 53

5. Ibid, p. 53

6. Juan Carlos Quintero-Herencia, *La máquina de la salsa: Tránsitos del sabor*, Ediciones Vértigo, 2005, p. 133

7. Ibid, p. 133

8. Ver Darieck Scott, *Extravagant Abjection: Blackness, Power and Sexuality in the African American Literary Imagination*, NYU Press, 2010

9. Mario Vargas Llosa, *La fiesta del chivo,* Editorial Alfaguara, 2000, p. 19: "Son las siete de la mañana. En la planta baja del Jaragua la asalta el ruido, esa atmósfera ya familiar de voces, motores, radios a todo volumen, merengues, salsas, danzones y boleros, o rock y rap, mezclados, agrediéndose y agrediéndola con su chillería. Caos animado, necesidad profunda de aturdirse para no pensar y acaso ni siquiera sentir, del que fue tu pueblo, Urania. También, explosión de vida salvaje, indemne a las oleadas de modernización. Algo en los dominicanos se aferra a esa forma prerracional, mágica: ese apetito por el ruido. («Por el ruido, no

por la música.»)".

10. Alejo Carpentier, *"La Habana vista por un turista cubano"*, publicado en Conferencias, Editorial Letras Cubanas: La Habana, 1987. Publicado originalmente en Carteles, 1939

11. Luis Rafael Sánchez, *"Gadejo"*, El Nuevo Día, 16 de enero 2001

12. Manuel Valdés Pizzini, *"Ruido"*, 80grados, 4 de mayo de 2012, http://www.80grados.net/ruido/. Ver además Leysa Caro González en Primera Hora, *"Alarmante el ruido en Puerto Rico"*, 31 de octubre de 2005, páginas 1-8, una cobertura halloweenesca sobre la "epidemia de ruidos" (p. 2) que califica como "un problema que cae en oídos sordos" (p.5) y que causa "estrés, insomnio y sordera".

13. Hunter Thompson, *The Rum Diary*, 1998

14. Ver Jacques Lacan, *"La pulsión invocante: Del malentendido al grito"*, http://www.sonecrit.com/texte/PDF/espagnol/pulsion-invoquante.pdf

15. Véase Nancy Love, *Musical Democracy*, State University of New York Press, 2006

16 Tamar Liebes, *"Acoustic Space: The Role of Radio in Israeli Collective History"*, Jewish History, No. 15 , 2005

17. Véase Jann Pasler, *Composing the Citizen: Music as Public Utility in Third Republic France,* University of California Press, 2009, p. 30

18. Jane Bennett, *The Enchantment of Modern Life:Attachments, Crossings and Ethics,* Princeton University Press, 2001, p. 6, citada por Love

19. El líder de El Gran Combo ha sostenido que es el comportamiento de su agrupación lo que ha permitido que esta deje un legado de pureza, independencia creativa y enfoque por 50 años. "Para Rafael Ithier, la identidad de la agrupación no puede ser contaminada. Es por eso que El Gran Combo de Puerto Rico nunca ha realizado una colaboración discográfica con otro exponente salsero". Ver Damaris Hernández Mercado, *"50 años de cátedra"*, El Nuevo Día, 30 de abril de 2012, p. 60. Y auqnue Ithier es tajante en su plataforma de pureza: ("Sencillamente, El Gran Combo se quiere mantener puro") esa pureza impoluta fue comprometida con la alianza bancaria. Pero el conunto salsero también ha sido una explosión, ha causado explosión cantando sobre explosiones, y ha dejado una estela de comentarios sociales acolchonados en el humor salsero y en el "vacilón". Ver Juan Otero Garabís, *"El swing que muchos quisieran tener"*, 80grados,

1ro de junio de 2012, http://www.80grados.net/el-swing-que-muchos-quisieran-tener/: "http://www.80grados.net/wp-content/uploads/2012/05/El_Gran_Combo_De_Puerto_Rico-Acangana-Frontal.jpgAcángana, su tercer disco (1963) es el que los coloca en el sitial donde hoy los contemplan admiradores, musicólogos y el pueblo en general. Veinte años después, cuando Rubén Blades le cantara al tema de la hecatombe nuclear con la que la carrera armamentista de la guerra fría intentaba asegurar su dominio sobre el mundo, lo hizo de una manera mucho más estilizada y le dedicó 'La canción del final del mundo'. El temor que Blades manifiesta con tibio humor, el Combo lo expresa como una explosión: ¡'Acángana'! La explosión es causada por un 'demonio atómico' que simplemente 'nos va a limpiar', pero también por la implosión musical del Combo. Mientras las mentalidades imperialistas pretendían disputarse el mundo, presentando un escenario que simulaba batallas épicas del Genésis, el Apocalipsis o las de Héctor y Aquiles, el Cid y los moros, y el Beowulf, el tema de Chiquitín García responde con la simpleza del escepticismo carnavalesco y del vacilón tan característico de la cultura puertorriqueña y de la caribeña". Una revisión de la a canción original de "Y no hago más ná" confirma el espíritu lúdico de la composición, que no pretende una totalidad descriptiva del comportamiento de los puertorriqueños:

Y no hago más na'
Yo me levanto por la mañana,
me doy un baño y me perfumo,
me como un buen desayuno
y no hago más na', más na'.

Después yo leo la prensa,
yo leo hasta las esquelas,
o me pongo a ver novelas
y no hago más na', más na'.

A la hora de las doce
yo me como un buen almuerzo
de arroz con habichuelas
y carne guisada, y no hago más na'.
Después me voy a la hamaca
a dormir una siestita;
y a veces duermo dos horas

y a veces más, y no hago más na'.

Y me levanto como a las tres,
y me tomo un buen café,
me fumo un cigarillito y tomo mi guitarra
y me pongo a cantar.

A la la, a la la, a la la lara la lara

Y a la hora de la comida
me prepara mi mujer
un bifstec con papas fritas
con ensalada y mil cosas más.
Y me lo mando y no hago más na'.

Luego me voy al balcón,
cual si fuera un gran señor,
a mecerme en el sillón,
Con mi mujer a platicar.

A larara la la.

¡Ay!, cuando se me pega el sueño
enseguidita me voy a acostar,
y duermo hasta por la mañana
y no hago más na', más na'.

(Qué bueno es vivir así, comiendo y sin trabajar)
¡Oigan!, yo nunca he doblado el lomo
y no pierdan su tiempo, no voy a cambiar. ¡Qué va!

(Qué bueno es vivir así, comiendo y sin trabajar)
Señores, si yo estoy declarado en huelga, ¡sí!,
¡mi mujer que me mantenga! ¿Oíste?

(Qué bueno es vivir así, comiendo y sin trabajar)
Qué bueno, qué bueno, qué bueno,
qué bueno es vivir la vida,
¡comiendo, durmiendo y no haciendo na'!

Oiga compay,
¿usted sabe lo que es estar en un sillón mece que te mece?

Esperando que lleguen los cupones del Seguro Social...
¡Así cualquiera!

(Qué bueno es vivir así, comiendo y sin trabajar)
Recibiendo la pensión por loco,
de loco yo no tengo na', ¡listo que soy!

(Qué bueno es vivir así, comiendo y sin trabajar)
Qué bueno...
Traen un plato de mondongo,
arroz, habichuela y carne guisá, para empezar.

(Qué bueno es vivir así, comiendo y sin trabajar)
¿Quién trabajará? ¿Quién, yo?
Búscate a otro, yo ya hice lo que iba a hacer.

20. Grosz, p. 80-81
21. *El Nuevo Día*, domingo 17 de junio de 2011, p. 34
22. El escrito finalizaba con una exaltación del prestigio del Banco Popular después de lanzada la campaña: "The effort won the Grand Prix at Cannes 2012 in the PR category for the following reasons, according to the jury: it was a jaw-dropping idea, had bona fide impact, and made a difference to the organization. The campaign won more than $2.3 million earned media and helped Banco Popular jump to 80% on a repuation index". http://creativity-online.com/work/banco-popular-the-most-popular-song-cannes-2012-pr-grand-prix/28159
http://creativity-online.com/news/jwt-snares-pr-grand-prix-for-banco-popular-puerto-rico/235457
23. *El Nuevo Día*, 3 de julio de 2012, p. 24
24. William Butler Yeats, *Essays and Introductions*, New York, Collier Books, 1968,, p. 159, citado por Michael Golston, *Rhythm and Race in Modernist Poetry and Science*, Columbia University Press, 2008, p. 157
25. Ibid
26. Jean-Luc Nancy, *Listening*, p. 57
27. Ver Peter Szendy, *A History of Our Ears*, New York: Fordham University Press, 2008
28. Linda Ruth Williams, *"El cantante"*, Sight & Sound, noviembre 2008, p.53
29. Festival de Arte Sonoro [http://el-status.som/fas/2010/fas_works.pdf

20 Todd Gitlin, Intellectuals and the Flag, Columbia University Press, 2005

7. DETONACIONES: SONIDO IMPRESO

1. El Nuevo Día, Edición especial de colección "100 años de noticias", 1 de enero de 2000, página 1

2. Manuel Abreu Adorno , Llegaron los hippies y otros cuentos. Río Piedras: Huracán, 1978

3. Jacques Attali, Noise: The Political Economy of Music, tr. Brian Massumi, University of Minnesota Press, 1985, p. 137

4. Barry Kramer, CREEM Magazine, julio 1972. Ver www.marysol-festival.com .

5. "Mar y Sol", El Nuevo Día, Edición especial de colección "100 anos de noticias", 1 de enero de 2000, página 14

6. Ariel Ortiz Tellechea, "439 acres de inmoralidad", El Nuevo Día, lunes 3 de abril de 1972

7. Liliana Ramos Collado, "Memorias del ruido", Foro Urbano: "De la casa al parking: Ciudad y literatura", Escuela de Arquitectura de la Universidad Politécnica, 20 de noviembre de 2008

8. Ver Lalo, Eduardo, El deseo del lápiz: castigo, urbanismo escritura, San Juan: Editorial Tal Cual, 2010

9. Ibid, p. 33

10. Ibid, p. 15

11. Ibid, p. 16

12. Ibid, p.15

13. Ibid, p. 33

14. Ibid, p.23

15. Mladen Dolar, A Voice and Nothing More, Cambridge: MIT Press, 2006, p. 14

16. Para una discusión sobre la avisualidad y su concretez, véase Akira Mizuta Lippit, Atomic Light: Shadow Optics, University of Minnesota Press, 2005

17. Lalo, Eduardo, El deseo del lápiz, p. 145

18. Elizabeth Travassos, "'The Transparent Envelope': Proust, Hahn, Listening and the Voice", conferencia "Listening In, Feeding Back: An Interdisciplinary Conference on Sound" presentada en la Society of Fellows in the Humanities de la Universidad de Columbia, febrero 2009

19. Ver "The Sense of Sound", edición especial de

Differences, Rey Chow y James A. Steintrager, eds., Vol 12, no. 2/3, 2012

20. Ver Don Hadar, Mingering Mike; The Amazing Career of an Imaginary Soul Superstar, Princeton Architectural Press, 2007

21. Ibid, p. 108

22. Ibid, p. 108

23. "5 discos LP de Ismael Rivera impresos", 2012, exhibición en la Trienal Poligráfica, 2012: http://www.trienalsanjuan.org/exhibiciones/tony-cruz/

8. DISTORSIÓN/ TURBULENCIA

1. Redacción El Vocero, "Ricky Martin concluye con casa llena", El Vocero, 29 de marzo de 2001, p. 37

2. Giorgio Agamben, Nudities, Stanford University Press, 2010, p. 73

3. Ibid, p. 65

4. Boris Groys, Art Power, Cambridge: MIT Press, 2008

5. Giorgio Agamben, Nudities, p. 96

6. Timothy Farrington, "Perfecting Sound Forever", Artforum, junio/julio 2009, http://www.bookforum.com/inprint/016_02/3863:

7. "La oposición en un cómodo silencio", Editorial, El Nuevo Día, 22 de septiembre 2011, p. 52

8. "García Padilla habla sobre su silencio", El Vocero, 12 de agosto de 2011, p. 3

9. Carlos Díaz Olivo, "WKAQ analiza", WKAQ Radio, miércoles 25 de abril 2012, 9:24 a.m.

10. WKAQ Radio, 29 de mayo de 2012

11. Silverio Pérez, "En sintonía", El Nuevo Día, 27 de septiembre de 2011, p. 53

12. Israel Rodríguez Sánchez, " 'Manténgase en sintonía' ", El Nuevo Día, 22 de septiembre de 2011, p. 34. Ver además Israel Rodríguez Sánchez, El Nuevo Día, "'Aquí estamos sin miedo'", 7 de marzo de 2011, p. 5, donde se relata su entrada a la cmpana pot la gobernación acompanado de la canción "El wanabí" de Fiel a la Vega: "Dame un momento pa' probar/ de que estoy hecho/ Soy el que va cuesta arriba / soy el que va al acecho". El mismo día, ya el secretario del PNP Héctor Morales estaba alegando que el candidato "habla mucho, pero dice poco y no

propone nada": Eugenio Hopgood Dávila, "Opositores abren fuego en al acto", El Nuevo Día, 7 de marzo de 2011, p.6

13. Elvin T. Lim, The Anti-Intellectual Presidency: The Decline of Presidential Rhetoric from George Washington to George W. Bush, Oxford University Press, 2008, p. 46-47

14. Israel Rodríguez Sánchez, "Amenaza en duda", El Nuevo Día, 30 de julio de 2012

15. Michel Serres, Genesis: Studies in Literature and Science, University of Michigan Press, 1997, p. 61

16. Ver "Lo que hizo fue coger pon con él", Primera Hora, 24 de marzo de 2011, p. 5-A

17. Ver http://www.wapa.tv/noticias/entretenimiento/ricky-martin-le-sale-al-paso-a-garcia-padilla_20120923113856.html?utm_source=feedburner&utm_medium=feed&utm_campaign=Feed%3A+WapatvNoticias+(WAPA.TV%3A+Noticias

18. Ibid

19. Ibid

20. El Nuevo Día, 30 de septiembre de 2012,

21. Javier Román Nieves, "Karlo Ibarra: de la cartografía de territorios a la simbología territorial", Revista Entorno, Número 18, p. 59

22. H. Westerkamp, "Speaking from inside the soundscape", en David Rothenbery y Ulvaeus, Marta, eds., The book of music & nature, Middletown, CT: Wesleyan University Press

23. Ver Veit Erlmann, Reason and Resonance: A History of Modern Aurality, Nueva York: Zone Books, 2010

24. "Multas por gritar en instalaciones públicas", Noticel, 18 de junio de 2011 [http://www.noticel.com/noticia/106185/multa-por-gritar-en-instalaciones-publicas.html

25. "De frente", Entrevista con Rubén Sánchez, WKAQ580 AM

26. Patricia Vargas , blog, "A grito limpio", El Nuevo Día

9. BRUMORES

1. Luis Negrón, Mundo cruel, Río Piedras: Editoral La Secta de los Perros, 2011; Luis Negrón, Moisés Agosto, David Cabeb, eds., Los otros cuerpos: antología de temática gay, lésbica y queer desde Puerto Rico y la diáspora, Río Piedas: Editorial Tiempo Nuevo, 2008

2. Ver Hans Uhrich Gumbrecht, The Production of Presence: What Meaning Cannot Convey, Stanford University

Press, 2004

3. Julie Abraham, Metropolitan Lovers: The Homosexuality of Cities, University of Minnesota Press, 2009, p. 266

4. Luis Negrón, Mundo cruel, Río Piedras: Editoral La Secta de los Perros, 2011

5. Ver Eliezer Ríos Camacho, "Ante los estigmas de Javier Ortiz", El Vocero, 10 de abril de 2006

6. Kenneth Paradis, Sex, Paranoia, and Modern Masculinity, State University of New York Press, 2007, p. 105

7 .Ver Félix Jiménez, "On the Panic of Bodies"

8. Así, así, Musical Productions, Inc., MPPK-5-6363, 2001

9. Unsolved Mysteries, Lifetime TV, notas del episodio del 3 de julio de 2002. Según el informe policial, los socios también la habían mentido a sus empleados. "Reportedly, Arroyo and Yunis even duped their own employees -lying about the credit card scheme and paying them with bogus checks".

10. Los Angeles Police Department, "Wanted Fugitives", 21 de diciembre de 2002

11. Ver Ernst Gombrich, The Story of Art, Phaidon Press, 1995

12. Ekachtai Vekrongtham , "Beautiful Boxer", 2003

10. TRIÁNGULO

1. Ver Bridget Brown, They Know Us Better Than We Know Ourselves: The History and Politics of Alien Abduction, NYU Press, 2007

2. Reinaldo Ortiz, "Mr. Planet, el Ricky Martin de los OVNIS", posee hasta una promoción videográfica: http://www. zappinternet.com/video/qiqMraZniT/Mr-Planet-el-Ricky-Martin-de-los-Ovnis

3. Ortiz ha opinado públicamente sobre temas varios - desde Rihanna hasta Ricky Marin y Andrea de Castro - con abundante recepción mediática, y se presenta como un comentarista cultural atento a las relaciones entre el mundo terrenal y las posibilidades siderales, y su futuro como figura pública. Ver "Rihanna guiada por extraterrestres", http://www. montevideo.com.uy/nottiempolibre_165323_1.html, 16 abril 2012: "Reinaldo Ríos, el ufólogo que se autodefine como "el Ricky Martin de los OVNIS" dijo estar convencido de que la cantante y actriz Rihanna llegó al cine por conducto de los extraterrestres, y se ofreció a "orientar" a la artista barbadense

en su búsqueda de vida extraterrena".; "Ufólogo Reinaldo Ríos expresa admiración por Andrea de Castro", El Nuevo Día, 13 de febrero de 2012: http://www.elnuevodia.com/ enamoradodeandreadecastrofont-1189654.html: "Andrea es como yo, tenemos una misma personalidad, única y diferente, ella en las artes y yo en las investigaciones paranormales. Claro que también sé de artes, sobre todo actuar, pero no he tenido la suerte de que alguien me considere para un papel de importancia, que de así hacerse haría un buen papel. Una de mis próximas presentaciones incluyen el bailable de Ricky Martin, `Living la vida loca', pero yo diría `Living la vida aliens'". "Living la vida aliens" es más que un lema publicitario para Ortiz, quien celebra actividades con personajes animados con nombres como Ego, Gargufo y el Llorón de Lajas) para mantener vivas las esperanzas infantiles y los deseo adultos de algún encuentro del tercer tipo.

4. Michelle Orange, "UFO in Her Eyes", The Village Voice, 13 de junio de 2012: http://www.villagevoice.com/2012-06-13/film/ufo-in-her-eyes/, "Set in the rural "Three-Headed Bird" village, UFO opens with an idyll—a naked boy scurrying through a thickly misted marsh—and then an outdoor tryst between a local schoolteacher (Z. Lan) and a mine worker named Kwok Yun (Shi Ke). Adapted from her own novel by writer/director Xiaolu Guo, UFO uses Kwok's post-tryst close encounter with a dumpling-shaped spacecraft and the sudden appearance of an injured American (Udo Kier) to set up an exploration of how uneasily capitalist enterprise and a state-controlled, one-for-all culture coexist. Having spotted dollar signs in Kwok's mystical sighting, the ambitious village leader (Mandy Zhang) begins building a tourist industry around it, turning the backwater into a mini Beijing complete with a five-year plan. The Chinese bureaucrat who comes to investigate (his perspective is literally black and white) finds a township changing so quickly, he can't keep the coordinates straight. A mixture of droll political satire, lyrical visuals, and dolorous mood make for an uneven but lingering sketch of a China that feels increasingly present yet still rarely seen."

5. Frankenstein Meets the Spacemonster (1965), http://www. filmsandtv.com/movies/frankensteinmeetsthespacemonster.php y http://www.youtube.com/watch?v=O9It2mr5hP8

6. Ver "Arecibo: Una Ventana a Otra Dimensión Cosmológica", http://arecibo.50megs.com/radiotelescopio/index.html

7 http://elvocero.com/noticias-es/bajo-nueva-administracion-observatorio-de-arecibo

8 "Desaparecen los ovnis según científicos", Inter News Service, 6 de noviembre de 2011, http://www.elnuevodia.com/desaparecenlosovnissegunscientificos-1113911.html

9 Ivelisse Rivera Quinones, Primera Hora, "De luto el Grito de lares por líderes fenecidos y acciones del alcalde del pueblo", 20 de septiembre de 2010

10 Irene Vilar, The Ladies' Gallery: A Memory of Family Secrets, Nueva York: Other Press, 2009, p. 2

11 Ibid, p. 263

12 El Nuevo Día, 18 de septiembre de 2012

13 "Partido Nacionalista rechaza haber secuestrado los actos del Grito de Lares", Primera Hora, 18 de septiembre de 2012, http://www.primerahora.com/

11. SOUND CHECK: EL DJ DE LA PATRIA

1. Cuando la canción de Residente Calle 13 sobre la muerte de Ojeda Ríos se colocó como éxito radial no autorizado en 2005 también se remuscularizó la oferta musical de la isla al volver a unir el aspecto más político de la protesta social a la música que se le ofrecía a los grupos demográficos más apetecidos por las casas disqueras, responsables de la compra de discos. Para un recuento de los cambios sónicos y temáticos de Calle 13, ver Alfredo Nieves Moreno, "A Man Lives Here: Reggaeton's Hypermasculine Resident", en Raquel Rivera, Wayne Marshall y Deborah Pacini-Hernández, eds., Reggaeton, Duke University Press, 2009

2. Primera Hora, 11 de junio 2009, p. 38. Ver también el despliegue editorial ofrecido a los triunfos del grupo, "LA NOCHE DE CALLE 13", Primera Hora, 11 de noviembre de 2001, página 1: "ARRASAN! El grupo boricua de música urbana se con el espectáculo y con los premios Grammy latino celebrados en Las Vegas". Véase también en la misma edición la Sección "Así", páginas 2-3

3. Weheliye, Alexander G., Phonographies: Grooves in Sonic Afro-Modernity, Duke University Press, 2005, p. 8

4. Ibid

5. Ver Kembrew McLeod, Freedom of Expression (R): Overzealous Copyright Bozos and Other Enemies of Creativity, Doubleday, 2005

6. Alfredo Carrasquillo propone que en estos momentos "Habla mucho más de lo que somos hoy Calle 13 que los espectáculos de bomba y plena", en Ana Teresa Toro, "Ser puertorriqueño hoy", El Nuevo Día, 18 de noviembre de 2011, p. 82. Por su parte, la oposición o desagrado al cantante es explicada por Miguel Rodrígez-Casellas en función de su oralidad extrema, de su "boquisuciedad", de lo que por su boca sale, o puede salir, y lo presenta como el ejemplo ejemplar de la audioeuforia ricensis, que ennerva y desconcentra: "Lo que molesta de René es que tiene voz propia, que es inteligente, que denuncia la falsa mojigatería, que su marca, tan comercial como cualquier otra, es de su entera creación". Véase Miguel Rodríguez-Casellas, "Renefobia", El Nuevo Día, jueves 16 de agosto de 2012, p. 64

7. Katharine Verdery, The Political Lives of Dead Bodies, Nueva York: Columbia University Press, 1999, p. 3

8. Michael LeVan, "Sounding Off on Sound", Liminalities: A Journal of Performance Studies, Vol 3, No. 3, noviembre 2007, http://liminalities.net/3-3/soundintro.htm.

BIBLIOGRAFÍA

Abraham, Julie, *Metropolitan Lovers: The Homosexuality of Cities*, University of Minnesota Press, 2009

Abreu Adorno, Manuel, *Llegaron los hippies y otros cuentos*. Río Piedras: Huracán, 1978

Adinolfi, Francesco, Mondo *Exotica: Sounds, Visions, Obsessions of the Cocktail Generation*, tr. Karen Pinkus y Jason Vivrette, Durham: Duke University Press, 2008

Agamben, Giorgio, *"What Is an Apparatus?" and Other Essays,* Trad. David Koshik y Stefan Pedatella, Stanford University Press, 2009

---------------- *Nudities*, Stanford University Press, 2010

Anderson, Benedict, *Imagined Communities: Reflections on the Origins and Spread of Nationalism*, Londres y Nueva York: Verso, 1991

Ashby, Arved, *Absolute Music, Mechanical Reproduction,* Berkeley: University of California Press, 2012

Attali, Jacques, *Noise: The Political Economy of Music*, trad. Brian Massumi, University of Minnesota Press, 1985

Barker, Jennifer, *The Tactile Eye: Touch and the Cinematic Experience,* Berkeley: University of Califirnia Press, 2008

Barthes, Roland, *The Neutral*, trad. Rosalind Krauss y Dennis Hollier, Columbia University Press, 2005

---------------- *The Responsibility of Forms: Critical Essays on Music, Art and Representation*, Berkeley: University of California Press, 1991

Benítez-Rojo, Antonio, *The Repeating Island,* Durham: Duke University Press, 1996

Bennett, Jane, *The Enchantment of Modern Life: Attachments*, Crossings and Ethics, Princeton University Press, 2001

Blesser, Barry y Linda-Ruth Salter, *Spaces Speak, Are You Listening? Experiencing Aural Architecture,* Cambridge: MIT Press, 2006

Brown, Bridget, *They Know Us Better Than We Know Ourselves: The History and Politics of Alien Abduction,* NYU Press, 2007

Browning, Barbara, *Infectious Rhythm: Metaphors of Contagion and the Spread of African Culture,* Nueva York: Routledge, 1998

Casetti, Francesco, *Eye of the Century: Film, Experience, Modernity,* Columbia University Press, 2008

Cavarero, Adriana, *For more than one voice: Toward a Philosophy of Vocal Expression*, Stanford University Press, 2005

Chion, Michel, *Audiovision: Sound on Screen*, Nueva York: Columbia University Press, 1994

Cossman, Brenda, *Sexual Citizens: The Legal and Cultural Regulation of Sex and Belonging*, Stanford University Press, 2007

Crary, Jonathan, *Suspensions of Perception: Atention, Spectacle and Modern Culture*, Cambridge: The MIT Press, 1999

De Grazia, Victoria, *Irresistible Empire: America's Advance Through Twentieth-Century Europe*, Cambridge: Harvard University Press, 2005

De Portzamparc, Christian y Philippe Sollers, *Writing and Seeing Architecture*, University of Minnesota Press, 2008

Derrida, Jacques , *On the Name, Thomas Dutoit,* ed., David Wood, tr., Stanford University Press, 1995

Desmond, Marilynn y Pamela Sheingorn. *Myth, Montage and Visuality in Late Medieval Manuscript Culture*, University of Michigan Press, 2006

Dimock, Wai Chee, *Through Other Continents: American Literature Across Deep Time,* Nueva York: Fordham University Press, 2006

Dolar, Mladen, *A Voice and Nothing More,* Cambridge: MIT Press, 2006

Duchesne Winter, Juan, *Ciudadano Insano: ensayos bestiales sobre cultura y literatura*, Río Piedras: Ediciones Callejón, 2001

Duffy, Edna, *The Speed Handbook: Velocity, Pleasure, Modernism*, Duke University Press, 2009

Dyson, Frances, *Sounding New Media: Immersion and Embodiment in the Arts and Culture,* Berkeley: University of California Press, 2010

Erlmann, Veit, *Reason and Resonance: A History of Modern Aurality,* Nueva York: Zone Books, 2010

Egoyan, Atom, ed., Subtitles: *On the Foreigness of Film, Cambridge*: MIT Press, 2004

Goh, Meow Hui, *Sound and Sight: Poetry and Courtier Culture in the Yongming Era* (483-493), Stanford University Press, 2010

Golston, Michael, *Rhythm and Race in Modernist Poetry and Science,* Columbia University Press , 2007

Goodman, Steve, *Sonic Warfare: Sound, Affect and the Ecology of Fear,* Cambridge: MIT Press, 2009

Grosz, Elizabeth, *Chaos, Territory, Art: Deleuze and the Framing of the World,* Columbia University Press , 2008

Groys, Boris, *Art Power*, Cambridge: MIT Press, 2008

Gumbrecht, Hans Ulrich, *The Production of Presence: What Meaning Cannot Convey*, Stanford University Press, 2004

Gutmann, Amy, *Identity in Democracy*, Princeton University Press, 2004

Hadar, Don, Mingering Mike; *The Amazing Career of an Imaginary Soul Superstar*, Princeton Architectural Press, 2007

Hart, Roderick P., *The Sound of Leadership: Presidential Communication in the Modern Age*, Chicago: University of Chicago Press, 1987

Hirschkind, Charles, *The Ethical Soundscape*, Columbia University Press, 2006

Ihde, Don, *Listening and Voice*, State University of New York Press, 2007

Jacobsen, Janet R. y Ann Pellegrini, *Secularisms*, Duke University Press, 2008

Kahn, Douglas, *Noise, Water, Meat: A History of Sound in the Arts*, Cambridge: MIT Press, 1999

Kerman, Joseph, *Contemplating Music: Challenges to Musicology*, Harvard University Press, 1986

Kittler, Friedrich, *Gramophone, Film, Typewriter*, Stanford University Press, 1999

Kroker, Arthur, *Spasm: Virtual Reality, Android Music, Electric Flesh*, Nueva York: St. Martin's Press, 1993

Kuppers, Petra, *The Scar of Visibility: Medical Performances and Contemporary Art*, University of Minnesota Press, 2007

Laddaga, Reinaldo, *Estética de la emergencia*, Buenos Aires: Adriana Hidalgo Editores, 2006

Lalo, Eduardo, *El deseo del lápiz: castigo, urbanismo escritura*, Río Piedras: Editorial Tal Cual, 2010

Laó, Agustín y Arlene Dávila, eds., *Mambo Montage: The Latinization of New York*, Columbia University Press, 2001

Larkin, Brian, *Signal and Noise: Media, Infrastructure, and Urban Culture in Nigeria*, Duke University Press, 2008

Lee, Shayne y Philip Luke Sinitiere, *Holy Mavericks: Evangelical Innovators and the Spiritual Marketplace*, NYU Press, 2009

Lefebvre, Henri, *The Production of Space*, Donald Nicholson Smith, tr., Blackwell Publishing, 1974

Levinas, Emmanuel, *Otherwise Than Being, Or Beyond Essence*, Duquesne University Press, 1998

Licht, Andrew, *Sound Art: Beyond Music, Between Categories*, Nueva York: Rizzoli, 2007

251

Lim, Elvin T., *The Anti-Intellectual Presidency: The Decline of Presidential Rhetoric from George Washington to George W. Bush,* Oxford University Press, 2008

Lippit, Akira Mizuta, *Atomic Light: Shadow Optics,* University of Minnesota Press, 2005

Love, Nancy, *Musical Democracy*, State University of New York Press, 2006

Martin, Elizabeth, ed., *Architecture as a Translation of Music,* Princeton Architectural Press, 1994

Massumi, Brian, *Parables for the Virtual: Movement, Affect, Sensation,* Durham: Duke University Press, 2002

McLeod, Kimbrew, *Freedom of Expression (R): Overzealous Copyright Bozos and Other Enemies of Creativity*, Doubleday, 2005

McWhorter, John, *Losing the Race: Self-Sabotage in Black America*, Harper Perennial, 2001

Miller, Paul D., *Sound Unbound: Sampling Digital Music and Culture*, Cambridge: MIT Press, 2008

Munro, Martin, *Different Drummers: Rhythm and Race in the Americas,* Berkeley: University of California Press, 2010

Nancy, Jean-Luc, *Listening,* trad. Charlotte Mandell, Nueva York: Fordham University Press, 2007

Nechtaval, Joseph, Joseph Nechtaval, *Immersion Into Noise*, University of Michigan Scholarly Publishing/ Open Humanities Press, 2011

Negrón, Luis, *Mundo cruel*, Río Piedras: Editoral La Secta de los Perros, 2011

Negrón, Luis, Moisés Agosto, David Caleb, eds., *Los otros cuerpos: antología de temática gay, lésbica y queer desde Puerto Rico y la diáspora*, Río Piedas: Editorial Tiempo Nuevo, 2008

Nericcio, William Anthony, *Tex(t)-Mex: Seductive Hallucinations of the "Mexican" in America*, University of Texas Press, 2007

Nieland, Justus, Feeling *Modern: The Eccentricities of Public Life*, Illinois University Press , 2008

Ong, Walter, *Orality and Literacy: The Technologizing of the Word,* Londres: Methuen , 1988

Otero Garabís, Juan, *Nación y ritmo: "descargas" desde el Caribe,* Ediciones Callejón, 2000

Paradis, Kenneth, *Sex, Paranoia, and Modern Masculinity,* Albany: State University of New York Press, 2007

Panagia, Davide, *The Political Life of Sensation*, Durham: Duke University Press, 2009

Pasler, Jann, *Composing the Citizen: Music as Public Utility in Third Republic France,* Berkeley: University of California Press, 2009

Pérez, Gilberto, *The Material Ghost: Films and their Medium,* The Johns Hopkins University Press, 1998

Prakash, Gyan, ed. *Noir Urbanism: Dystopic Images of the Modern City,* Princeton University Press, 2010

Pratt, Ray, *Rhythm and Resistance: The Political Uses of American Popular Music,* Washington, D.C.: Smithsonian Institution Press, 1994

Quintero Herencia, Juan Carlos, *La máquina de la salsa,* Río Piedras: Ediciones Vértigo, 2005

Ray, Robert B., *How a Film Theory Got Lost and Other Mysteries in Cultural Studies,* Indiana University Press, 2001

Rivera, Raquel, Wayne Marshall y Deborah Pacini-Hernández, eds., *Reggaeton,* Durham: Duke University Press, 2009

Ross, Alex, *The Rest is Noise: Listening to the Twentieth Century,* Nueva York: Picador, 2007

Schafer, RM, The *Soundscape: Our Sonic Environment and the Tuning of the World,* Rochester, VT: Destiny, 1994

Schwarz, David, *Listening Subjects: Music, Psychoanalysis, Culture,* Raleigh: Duke University Press, 1997

Scott, Darieck, *Extravagant Abjection: Blackness, Power and Sexuality in the African American Literary Imagination,* NYU Press, 2010

Serres, Michel, *Genesis: Studies in Literature and Science,* University of Michigan Press, 1997

Shih Shu-mei, *Visuality and Identity: Sinophone Articulations Across the Pacific,* Berkeley: University of California Press, 2007

Smith, Mark M., *Sensing the Past: Seeing, Hearing, Smelling, Tasting and Touching in History,* Berkeley: University of California Press, 2008

Smith, Mark, ed., *Hearing History: A Reader,* University of Georgia Press, 2004

Smith, Jacob, *Vocal Tracks: Performance and Sound Media,* Berkeley: University of California Press, 2008

Spivak, Gayatri, *A Critique of Postcolonial Reason: Towards a History of the Vanishing Present,* Cambridge: Harvard University Press, 1999

Strebile, Dan, *Fight Pictures: A History of Boxing and Early Cinema,* Berkeley: University of California Press, 2008

Suárez, Juan A., *Pop Modernism: Noise and the Reinvention of the Everyday*, Illinois University Press, 2007

Szendy, Peter, *A History of Our Ears*, Nueva York: Fordham University Press, 2008

Taruskin, Richard, *The Danger of Music: And Other Anti-Utopian Essays*, Berkeley: University of California Press, 2010

Tratner, Michael, *Crowdscenes: Movies and Mass Politics,* Nueva York: Fordham University Press, 2008

Tschumi, Bernard, *Architecture and Disjunction*, Cambridge: MIT Press, 1996

Verdery, Katharine, *The Political Lives of Dead Bodies*, Nueva York: Columbia University Press, 1999

Vilar, Irene, *The Ladies' Gallery: A Memory of Family Secrets,* Nueva York: Other Press, 2009

Virno, Paolo, *The Grammar of the Multitude: For an Analysis of Contemporary Forms of Life, Semiotext(e) Foreign Agents Series*, MIT, 2004

Walzer, Michael, *On Toleration*, New Haven: Yale University Press, 2004

Weheliye, Alexander G., *Phonographies: Grooves in Sonic Afro-Modernity,* Duke University Press, 2005

Wills, David, *Dorsality: Thinking Back Through Technology and Politics,* University of Minnesota Press, 2008

Wolf, Sergio, *Cine/Literatura: Ritos de Pasaje*, Paidós, 2004

Zizek, Slavoj, The Parallax View, Cambridge: MIT Press, 2006